天津市哲学社会科学规划资助项目成果

TJTY17-008

传统体育养生在老龄化社会背景下的文化价值研究

王泽善 著

传统体育健身在老龄化社会背景下的文化价值研究

——以天津市为例

天津社会科学院出版社

图书在版编目(CIP)数据

传统体育健身在老龄化社会背景下的文化价值研究：
以天津市为例 / 王泽善著. -- 天津：天津社会科学院
出版社, 2022.7
　　ISBN 978-7-5563-0837-8

　　Ⅰ.①传… Ⅱ.①王… Ⅲ.①全民健身-研究-天津
Ⅳ.①G812.4

　　中国版本图书馆 CIP 数据核字(2022)第 136112 号

传统体育健身在老龄化社会背景下的文化价值研究：以天津市为例
CHUANTONG TIYU JIANSHEN ZAI LAOLINGHUA SHEHUI BEIJINGXIA
DE WENHUA JIAZHI YANJIU：YI TIANJINSHI WEILI
选题策划：沈　楠
责任编辑：沈　楠
责任校对：王　丽
装帧设计：天津点晶图文设计有限公司
出版发行：天津社会科学院出版社
地　　址：天津市南开区迎水道 7 号
邮　　编：300191
电　　话：(022)23360165
印　　刷：天津午阳印刷股份有限公司
开　　本：787×1092 毫米　　1/16
印　　张：8.5
字　　数：169 千字
版　　次：2022 年 7 月第 1 版　　2022 年 7 月第 1 次印刷
定　　价：58.00 元

序

　　中华传统体育健身是高等学校体育院系中民族传统体育专业的必修课程之一。近年来,随着民族传统体育学科的发展,全国已有近六十所高等院校开设了这门课程,并且还有很多院校正在筹备开设这门课程。传统体育健身是我国宝贵的民族文化遗产之一。在老龄化社会背景下,社会层面面临越来越多的压力,研究表明,传统体育健身对于缓解老龄化社会带来的压力具有重要意义,深入开展中华传统体育健身的研究对于传统体育事业的发展和建设文化强国都具有特殊的意义。

　　本书作者作为一名体育专业院校教育工作者,毕业留校后一直从事传统体育方面的教学,以及传统体育项目的研究工作。作为全国体育院校健身功法比赛民族传统体育项目的代表队教练,本书作者曾经带队取得过全国冠军的优异成绩,并为相关理论研究奠定了良好的实践基础。同时,作为国家体育总局第一批民族传统体育项目(健身功法)的海外指导教师成员,本书作者在中华优秀传统文化的推广和文化价值理论的研究上做了大量工作。

　　中华传统体育健身历史悠久,是伴随中国古代文明的产生与发展而不断丰富、完善起来的。随着时代的发展、科学的进步,中华传统体育健身受到广泛的重视,并为中华民族乃至世界人民的健康做出越来越大的贡献。该书架构合理,研究思路清晰,对于今后该领域的研究具有重要意义。

钱云

2021 年 3 月 12 日

目　　录

第一章　绪　论

文化是一个民族、一个国家的血脉和灵魂。人类的生存与发展,离不开文化的滋养和熏陶,离不开文化的塑造和影响。文化涉及社会生活中的方方面面,加强文化建设、推动文化发展的重要性是不言而喻的。

伴随着科学技术的迅猛发展,特别是计算机和互联网的普及与应用,不同民族、不同地区和国家之间的文化交流,可以更为方便、快捷。全球化进程对于世界文化格局的影响是广泛而深远的。跨地域交往实践活动的深入,打破了民族、地域之间相对独立的状态。随着文化交流愈发频繁,文化间的碰撞和冲突也随之增多,并且愈演愈烈。

在历史潮流面前,如何确立自身的民族文化在世界文化之林中的位置,如何审视和总结古今中外文化争论,如何确立自身的文化发展方向,已经成为我们必须面对的时代课题。

文化建设在我国是一项紧迫而长期的系统工程,一直以来,为了强调文化建设的重要性,国家领导人在不同场合多次提出,"文化是就是政治、文化就是形象、文化就是环境、文化就是生活、文化就是经济""文化就是民族的根基",以期唤醒人们对文化的自觉意识,引起人们对于文化建设的重视。

引导人们树立正确的文化价值观,是实施文化建设工程的思想前提。文化价值观是人们关于文化的利害、善恶、美丑等相关问题的总看法和总观点,反映文化对人的意义。文化价值观对文化建设和文化消费的动力和导向性作用是显而易见的。在一个社会,占主导地位的文化价值观如何,文化建设的方向和内容也就如何。作为社会个体,有什么样的文化价值观,也就有什么样的文化价值追求,进而其文化欣赏情趣和文化消费行为也就不同。大力推进和加快文化建设,要求我们必须坚定树立正确的价值观。

确立正确的价值观,离不开系统深入的理论研究和实践探索。尤其是在哲学层面阐释文化价值观的哲学内涵,反思文化价值观的形成、发展及其内在机制,具有重要的理论意义和实践价值。

目前,在全球化视域下,中华传统体育健身表现出独特的价值,推动着传统体育文化与其他体育文化的协同、融合与发展,必须以文化全球化理论为基础,发掘和利用民族传统体育文化的价值,以此来确定中华传统体育文化的价值发展策略。

当今世界文化发展的客观趋势是什么?——文化全球化。在文化全球化进程中,世界各民族只有积极融入、创造并奉献出自身特有的民族文化,才能构建起新的全球文化理论体系。

中华传统体育健身文化作为中华传统文化的重要组成部分,具有独特的文化形态、悠久的发展历史以及丰富的文化内涵。许多优秀的传统体育项目,不仅具有很高的健身价值,还具备极高的艺术价值和极为丰富的娱乐、教育功能。面对体育发展现代化和文化高度全球化的局面,重新构建中华传统体育健身的核心体系和价值理论是摆在学者面前的重要课题。

文化全球化对于中华传统体育健身事业的发展而言,既是机遇也是挑战。在文化全球化进程中,以奥林匹克运动为代表的竞技体育文化成为世界体育文化的发展主流,在中华传统体育文化与西方体育文化的交流与碰撞中,对中华传统体育文化的特性、根源等方面的研究与探讨不能只停留在表面,而要深究其潜在的价值,寻找与世界主流文化的结合点,为中华传统体育文化的发展搭建好的平台,以期实现中华传统体育事业的现代化。因此,中华传统体育文化的发展,不仅强调各民族传统体育文化内在的异质共存、和谐发展,还要注重在现代化发展中形成的选择、适应以及文化认同中特定的文化价值取向,从而为中华传统体育的保护、传承与发展提供新的发展方向。

文化研究离不开社会,更离不开人。人口和健康问题是我国政府高度关注的社会问题,在当前老龄化社会的大背景下,人口红利已经消失,社会人力资源优势不断消失,老年人的幸福感下降,家庭、社会养老、医疗保障等压力逐渐增大,"积极老龄化"和"健康老龄化"成为政府和社会亟待解决的重要社会问题。传统体育健身文化是中华传统体育文化的重要载体之一,其以独特的文化形式和内涵对老龄化社会的发展具有重要的意义,尤其在"健康老龄化"和"积极老龄化"问题的解决上具有独特的价值。

伴随着我国经济的快速发展和计划生育政策的深入实施,人口老龄化程度不断加深。根据国家统计局的统计数据显示,截至 2014 年底,中国 60 周岁及以上老年人口有 2 亿 2200 万人,占总人口的 16.1%,65 岁及以上人口有 1 亿 4386 万人,占总人口的10.5%。2015 年,全国 60 岁及以上的老年人口净增加 999 万,增长 6‰,高于自然人口增长率(5.21‰),中国人口老龄化加速是显而易见的。

严格意义上讲,人口老龄化问题不仅是中国面临的问题,也已经是世界性问题,是一种全球普遍的社会现象。人口老龄化问题不再是简单意义上的老年人口增长的问题,而是影响到国家社会发展的各个方面,包括社会的发展、经济的发展、养老服务业的发展、体育产业的发展以及国家政策的实施和制度的改革等。

如果我们能够通过政策调整和制度管理提高青少年的人口数量,更好地控制老年人口比例,并充分利用老年人所拥有的社会资源,发展与老年人相关的产业,不仅可以削弱人口老龄化对社会带来的不利影响,还可以提高我们国家的综合实力和核心竞争力。

若要缓解人口老龄化对社会带来的困境和社会压力,提升国人的健康水平,就必须大力发展养老养生服务和健康产业。老年人健康水平的提升必将影响社会的多个层面,作为备受老年人喜爱的传统体育健身,无论是其健身效果还是社会作用都将深刻影响老龄化社会的发展,在老龄化社会背景下传统体育健身的文化价值显得尤为重要。作为传统体育健身专业的教育工作者,要立志促进专业发展,弘扬民族体育事业,缓解社会矛盾,促进社会和谐发展。

体育强国建设的文化价值诉求主要是文化价值探寻和文化表达视角对体育强国建设文化价值的探寻。体育强国建设的价值取向是以满足人民精神文化需求为出发点和落脚点,价值目标是增强国家文化软实力,价值实践坚持"四大领域"协调发展。体育强国的文化内涵是广泛传播中华优秀传统文化,从文化自信到文化自觉,在改革开放的伟大成就下,弘扬社会主义核心价值观。

本书在老龄化社会背景下,以文化全球化理论为基石,挖掘中华传统体育文化的特有价值取向,树立正确的价值取向,推动中华传统体育健身文化的和谐发展,使中华传统体育文化在世界民族文化之林中确立自己的位置。

第二章　选题依据与研究架构

第一节　选题依据

作为世界上较早进入老龄化的国家之一,我国的老龄化在很多方面面临着新问题、新挑战,老龄化不是单纯意义上的老年人所占人口比例超过12%的数据问题,而是涉及个人、家庭以及社会等多方面的问题。因此,国家先后修订和出台了《中华人民共和国老年人权益保障法》《国务院关于加快发展养老服务业的若干意见》,采取了延缓退休、调整国家退休金以及增加政府养老文化事业的投入等措施。面对严峻的形势,如何有效做到"健康老龄化""积极老龄化""和谐老龄化"是需要我们解决的关键问题。作为传统文化的重要组成部分,如何有效发挥养生文化的作用,如何引领社会发展,如何更好地服务于天津,促进天津养老、养生事业以及文化事业的发展,是天津大繁荣、大发展的重要内涵。

第二节　研究综述

目前对于文化价值(Cultural Value)的研究是比较广泛的,关于传统体育健身的研究也相对丰富,但是将传统体育健身与老龄化社会相结合,探讨传统体育健身在老龄化社会背景下的文化价值的研究几乎是空白的。

在《运动医学》杂志上湖北师范体育学院吴瑕老师发表的《传统体育养生文化解析》就是从养生文化与现代社会相结合的角度分析养生文化对于当代社会的促进作用。王凤等在《文化视野》上发表的《论传统体育养生文化的社会效用》,探讨了体育养生文化对社会的效用问题。封寿炎发表的《养生文化价值》主要是将中国传统养生与传统文化结合起来进行了分析研究,得出了传统体育健身文化与社会传统文化具有几大结合点的结论。刘桐华等的《论科学养生对缓解老龄化社会护理难题的价值》，对老龄化社会背景下的社会问题进行了研究，阐述了科学养生在解决家庭、社会养老难问题上的作用。李志宏等在《论中国传统体育养生文化与和谐体育的契合》一文中阐述了传统体育健身与和谐体育的最终目标是一致的，对于增强人民体质、改变人们的健康意识等具有极为重要的意义。付文在《融合诉求：和文化与现代体育养生》一文中，对中华传统文化内涵"和"探根寻源，分析了现代体育养生存在的问题，得出了现代体育健身中应该注重身心和谐健康问题、顺应自然以及以自我为主的健康管理理念和现代健身新观念。覃燕庆的《挖掘弘扬中国古代体育养生文化为建设体育强国服务》，在研究传统体育健身文化历史的基础上，通过对中外体育文化的对比，着重强调了传统体育健身在实现体育项目发展的过程中将担当重要的角色。

文化价值分为实际价值和潜在价值。实际价值就是给人美感，教化心灵，认识世界等；潜在价值就是人类生生不息，薪火相传的价值。

例如，艺术品的文化价值就是给人美感，教化心灵，同时，通过一件艺术品可以感知作者想表达的思想、文化背景、社会背景等种种元素，这就是艺术品的文化价值。同时，文化价值也是一种关系，包含两个方面的规定性：一方面，存在着能够满足一种文化需要的客体；另一方面，存在着某种具有文化需要的主体，当一定的主体发现了能够满足自身文化需要的对象，并通过某种方式占有这种对象时，就出现了文化价值关系。

当然，文化价值是社会的产物，不能仅把文化价值理解为满足个体文化需求的事物属性。文化价值任何时候都是为人服务的，人类不需要的东西不具有文化价值。人不仅是文化价值的需求者，也是文化价值的承担者。同时，文化价值是由人创造出来的。人们创造文化需要和文化产品的能力，本身也是文化价值，也就是本质上的文化价值。

任何社会形态都有该社会特有的文化需要所在，这种文化需要只能通过人们的文化创造活动来满足。只有在和谐的社会环境下，人的文化创造能力才能得到充分的开发。

不管是人的文化需要，还是满足这种需要的文化产品，都只能在人的社会实践中形成。因此，在当今社会发展人的文化创造力具有重要意义。

从相关的资料来看，国外有关中华传统健身文化的研究不多，主要是对我国传统健身项目技术层面的研究，对于项目内涵即文化层面的研究基本处于空白状态。但是技术理论研究不断增多，尤其是学习传统健身术的群体不断增加。

国内的相关研究不断走向深入，主要有以下几个研究方向：老龄化带来的社会问题研究;传统体育健身项目对于社区体育发展的促进;中华传统养生术对社会发展的促进作用;传统健身项目的文化研究;非物质文化遗产视角下的传统健身研究;传统健身文化的社会价值研究等。由此可见,立足文化层面并结合老龄化社会的研究甚少,因此,将传统体育健身文化纳入文化建设层面,探究传统体育健身在促进老龄化社会和谐发展方面的作用是很有必要的。

第三节 研究意义

一、理论意义

虽然文化价值问题在传统体育健身文化领域极少涉及,但传统体育健身文化是中国传统文化的重要组成部分,尤其是它在文化层面的"实际价值"和"潜在价值"对于当今社会乃至今后社会的和谐发展和稳定进步以及提高"文化竞争力"都具有一定的促进作用。

二、实践意义

结合传统体育健身文化,发现老龄化社会所面临的突出问题,深入挖掘和探讨传统体育健身文化在当今中国社会的文化价值,必将为提高天津乃至整个社会的文化竞争力增光添彩,同时,这也是本书的研究目的之所在。

第四节 研究现状

一、国内研究现状

自2000年"中华传统体育健身"的定义重新界定以来,有关中华传统体育健身的理论研究逐渐深入。笔者查阅了中国期刊网与传统体育健身研究内容相关的文章,发现研究主要分为以下几个方面:一是对中华传统体育养生文化的研究与探索。二是对传统体育健身历史功法的挖掘与整理。三是传统体育健身发展方向的研究。四是传统体育健身对老年人某些生理指标的影响。五是全民健身计划下传统体育健身推广发展的研究。六是传统体育健身在社区体育建设中的推广价值。七是高等院校构建传统体育养生课程体系的研究与探索。八是传统体育健身辅导员队伍与传统体育健身人才培养。九是传统体育养生在构建和谐社会中的作用。

总体而言,这些研究可以分为:价值研究、发展研究、文化研究、历史研究、功法研究几个方面。对于传统体育健身的研究主要集中在理论上,尤其是2004年以后,理论研究的论文数量逐年增长,而且一直维持在比较高的水平。由此可以看出,传统体育健身的理论研究不断加强,为技术的发展和功法的推广搭建了一个好的发展平台。统计数据还显示,在体育期刊上发表的有关传统体育健身的论文中理论研究的文章数量占比较大。传统体育健身的推广工作在不同的阶段其侧重点是不同的,在开始推广的阶段基本重心在理论的研究上,后逐渐转入实验研究阶段。通过文献检索可知,有关传统体育健身效果方面的内容比较多。实验研究集中于生理和心理等几个方面,从实验研究内容来看,侧重于免疫系统、呼吸系统、循环系统、内分泌系统等方面的研究,可见学者们对身心健康方面的研究比较重视。由此可知,身心健康研究已经引起学者的高度重视,身心健康是现代社会中现代人所面临的急需要解决的一个重要研究课题。

文献检索显示,国内有关中华传统体育健身在某一地区开展现状的研究与调查很少,对未来发展战略的研究也仅存在于上海市等少数地区。天津作为直辖市,在全民健身计划的实施方面已经走在了全国前列,可是至今没有有关传统体育健身发展现状的详细调查,可以说本研究填补了天津市有关传统体育健身发展研究领域的空白。

二、国外研究现状

中华传统体育健身在国外的发展已经相当快,尤其是自2004年4月中华传统体育健身协会在北京成立后,为了更好地推广和普及传统体育健身,进一步继承和弘扬中华传统健身文化,近几年来,中华传统体育健身协会采取"请进来""走出去"的办法,先后接待了近百批海外有关组织和传统体育健身爱好者,多次组队前往亚洲、欧洲等三十多个国家及地区开展传统体育健身的宣传、交流和培训工作。据有关资料显示,在国外举办的中华传统体育健身学术研讨会就有近10次。国外有关中华传统体育健身的研究主要集中在三个方面。一是对传统体育健身功法基本技术动作与功法理论的研究。二是对传统体育健身海外推广与发展的研究。三是传统体育健身对人体健身效果的理论研究。

第五节　研究方法

一、文献资料法

通过检索文献数据库、中国学术期刊网、万方数字化期刊全文数据库、超星数字图书馆和新闻媒体，关注老龄化社会文化价值研究的相关报道，搜集获得有价值的研究资料，并对资料进行分类、分析和整理，为本研究提供理论和方法依据。

二、德尔菲法

选取部分国内知名养生学、管理学、经济学、社会学的专家以及政府部门中的管理者进行问卷调查，了解他们对养生文化的认识，验证本课题的问卷调查是否与理论领域的研究相吻合，并根据专家意见进行修改与完善。

三、问卷调查法

通过查阅大量文献资料和走访专家确立本课题的研究内容后，对天津市 10 个社区民众进行问卷调查，以了解大众对传统健身的受益程度以及传统健身的效果。

四、数理统计法

采用 WINDOS SPSS18.0 软件进行定量分析与处理，为研究提供数据支持。

第六节　研究内容

本研究内容主要包括人口问题研究，中国老龄化的基本状况，中华传统体育概述，中华传统体育健身发展现状及对策，文化、文化价值与中华传统体育健身文化的关系，中华传统体育健身于老龄化社会中的文化价值。

一、中国老龄化社会发展现状

对中国老龄化社会发展现状主要从四个层面进行研究,其中人口问题的重要性分析在本研究中占据重要位置,只有把人口问题的重要性研究清楚了,才能为接下来的具体研究奠定良好的基础。老龄化社会的界定也是本研究中的一个重要内容,对人口老龄化现状、特征和成因的分析讨论将决定研究中数据的分析,同时,人口老龄化的社会影响和由此造成的困境也是本研究必须搞清楚的问题。

二、中华传统体育健身发展概述

中华传统体育健身发展研究主要从中华传统体育项目概述,中华传统体育健身思想概要,中华传统体育健身方法的特征和分类,中华传统体育健身的特点和功效,传统体育健身的转变,中华传统体育健身的发展潮流,中华传统体育健身与现代科学,中华传统体育健身项目概述八个方面展开研究。

三、中华传统体育健身发展现状及对策

本研究的社会实践基础主要通过对中华传统体育健身的科研调查等方式来获取一定的数据,在中华传统体育健身发展现状及对策研究中要重点落在传统体育健身发展现状和研究综述上,并对天津市传统体育健身发展情况进行分析,以获取具体数据。

四、文化、文化价值与传统体育健身文化的关联

本研究以"何谓文化"为切入点,对文化价值与传统体育健身文化进行哲学层面的分析,同时,对传统文化的融合,以及对传统体育健身在老龄化社会中的文化价值进行深入分析,尤其是为提升传统体育健身文化软实力提出具体策略。

五、中华传统体育健身在老龄化社会中的文化价值

本研究的核心是中华传统体育健身在老龄化社会中的文化价值,主要包括三个方面:一是价值认同视域下我国体育文化建设研究;二是文化全球化视域下传统体育健身文化价值;三是体育强国建设的文化诉求。

第七节　研究重难点

一、研究重点

本研究的重点是对老龄化社会所面临的诸多问题进行文化层面的分析,只有了解人口老龄化对社会发展的影响与作用,才能为后面的研究搭好研究基础。同时,传统体育健身文化对于老龄化社会发展的文化价值研究是核心。

二、研究难点

第一个难点是如何找准传统体育健身与传统文化的契合点,对于文化价值的界定要准确。准确的文化价值界定是保证整体研究的贯穿点,把握好传统体育健身文化和传统文化的共性和内核同样是研究的关键点。

第二个难点就是传统体育健身文化对老龄化社会的文化价值研究是否到位,这是社会层面和文化层面"抽丝剥茧"的过程,也是最终得出传统体育健身文化在老龄化社会背景下价值研究的关键点。

第八节 研究思路

本研究的研究思路,如图 2 - 8 - 1 所示。

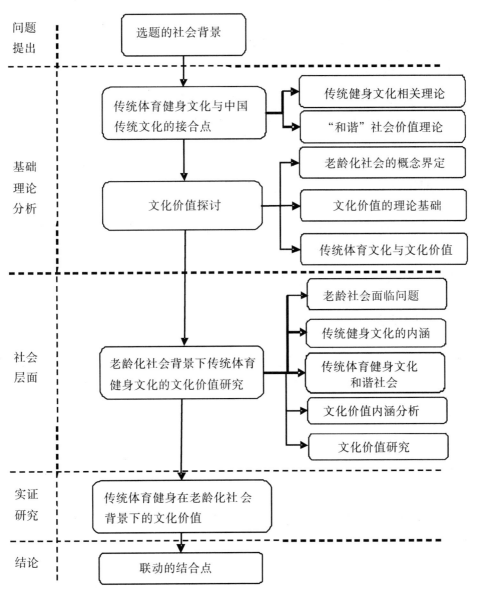

图 2 - 8 - 1 研究思路

第九节　研究的创新点

立足文化层面并结合老龄化社会的研究甚少,将传统体育健身文化纳入文化建设的层面,探讨促进老龄化社会的和谐发展问题,更是少有人涉及。文化价值的研究在中国传统健身文化领域极少涉及,而传统体育健身文化是中华传统文化的重要组成部分,尤其是它在文化层面的"实际价值"和"潜在价值"对于当今社会乃至今后社会的和谐发展具有很大的促进作用。

本研究的创新之处在于率先提出了立足老龄化社会的背景对传统体育健身文化进行研究,立足中华传统体育健身文化,结合我国的老龄化社会所面临的突出问题,深入挖掘和探讨养生文化在中国当今社会的"文化价值"。

一、理论创新

将管理学、经济学、社会学和公共管理的诸多理论应用到研究中,为政府创造性地开展社会文化服务提供理论支持,丰富和发展公共服务的理论体系,为深化改革、转变政府职能、构建公共服务体系创造条件。

二、实践创新

将传统体育健身文化内涵理论、公共服务理论以及政府治理理论有机融入文化服务评价之中,使理论与实践紧密结合,推动理论发展,验证实践效果,为传统体育健身文化更好地服务于社会提供了思路。

三、方法创新

通过案例研究、深度访谈、参与观察、实务操作法等方法分析、研究、归纳、演绎、发现老龄化社会的文化需求,满足文化需求,使量化研究与质性研究有效融合,促进研究方法的变革。

第十节　研究的价值

一、学术价值

传统体育健身文化是中华传统文化的重要组成部分,作为中华传统文化内核之一的"和为贵",就体现了建立和谐社会、和谐世界的思想,而传统体育健身文化思想的精髓就是"和谐",是以和谐为主要思想内涵、以文化为表现形式的一种传统文化,是社会文化发展和文化建设的高度统一。在历史的长河中,传统体育健身文化以自身的修持为基础,融合了中华传统文化的元素,形成了多学科的文化系统,尤其对当前老龄化社会来说,身心修养对促进社会和谐发展起到了积极作用,这也是建设文化强国、提升软实力的有力支撑。

二、应用价值

虽然当前对传统体育健身文化研究有所关注,但是从文化价值层面进行的研究还是相对不足,有待填补,从老龄化社会背景下研究传统体育健身文化的文化价值,对于天津乃至全国的文化发展都会起到一定的积极作用,为今后社会的和谐发展奠定基础,为中华传统体育健身文化的文化价值研究开辟新的研究思路。因此,本书立足中华传统体育健身文化,结合我国的老龄化社会所面临的突出问题,深入挖掘和探讨传统体育健身文化在中国当今社会的"文化价值"。

第三章 中国老龄化社会发展现状

第一节 人口问题的重要性

今后 25～50 年间,世界将新增 30 亿人口,这些人口主要集中在发展中国家,与此同时,几个较富裕地区的人口将会下降。这种情况下,我们的社会将如何适应这种情况,又将发生怎样的变革呢? 人口问题是全球性问题,全世界都对人口发展问题高度重视,同时也为人口的老龄化趋势而担忧。

人口学的定义是"一门研究人口的学科,特别是进行人口出生、死亡、迁移、疾病等问题的统计分析,以说明人类社会的生活状况"。在人口学领域其核心问题就是人口老龄化研究。

一直以来,学术界对于老龄化社会的研究一直很重视,而且,这种研究与平均预期寿命和人类预期最长寿命的提高密切相关。在未来的几十年中,我们将与这些老龄化社会问题作斗争,2008 年以来老龄化社会的特征越来越明显,老龄化社会将成为人类面临的重大挑战。

老龄化问题出现在世界各地,德国的一部纪录片曾反映了老龄化社会的一些问题。由纪录片可知,德国是世界上人口年龄最大和老龄化速度最快的国家之一。虽然影片中对老龄化的担忧是以调侃的方式表达出来的,但反映了人们对老龄化社会的担忧日益加剧。老龄化的问题不仅存在于西方社会,而且不久全球都会出现这类问题。

人口的规模及特征即将发生重大和持久的持续变化,劳动力可能不利于经济增长。老龄化社会不得不考虑福利国家如何为更多的老龄人口的相关开支筹集资金,以及如何承担这方面的支出。老龄化社会将影响资产价格、工资和利润。老龄化社会需要在教育和培训方面进行额外的投资,不仅允许工人在全球化中继续存在,而且要在就业年龄段人口更少的条件下提高劳动生产率。

为了在未来 10 年或 20 年内应对这些挑战,很可能将根据需要扩大国家的作用和影响力。人口变化涉及卫生、教育、社会和劳动力市场制度和投资方面的经济开放、退休养老金制度,以及国民储蓄和税收制度等公共政策领域。今天,国家的作用可能不得不再次扩大,因为人口结构变得更加老化,同时人口规模可能进一步缩减。

发展中国家也将不得不面临这些问题,即使现在没有这些问题,预计今后 10 年或 20 年也将面临这一问题。尤其是中国将不得不在经济目标与日益严重的社会和环境问题之间做出权衡。

目前全球有 65 亿人口,据预测,全世界人口总量将在 2050 年增加到 92 亿左右。尽管现在的世界人口年增长率为 1.2% 左右,预计到 2050 年将下降到每年不足 0.5%,但是,我们的新居民将继续呈现爆炸式增长,而且几乎全部在发展中国家。在发达国家中,一些国家将面临人口下降的问题。这并不是一种新的趋势,从平均水平来讲,现在全球大约一半人口是城市居民,到 2030 年城市居民将超过 60%。如果城市人口比例提高了,那么每平方公里土地承载的人口数将增加近 50%。

目前,世界人口年龄中位数为 28 岁,其中一半为老年人,一半为年轻人。到 2050 年,年龄中位数将提高到 38 岁,其中欧洲将为 47 岁,中国为 45 岁。这个老龄化过程是两个大趋势的结果。第一个大趋势是低生育率,或生育率下降,或低于所谓的人口替换率,中国的生育率实际上也低于人口替换率。第二个大趋势是人类寿命在延长,由于健康、饮食、预防性医疗等方面大大改善,出现了人的寿命更长的趋势。

由此可见,在未来几十年中,许多国家将出现老年人口和古稀老人(80 岁以上)比例快速上升、年轻人口比例以更加缓慢的速度上升甚至下降的特点。人口年龄结构第一次出现这种变化,而且将出现我们以前从未应对过的经济、社会和政治问题。在有些国家,这意味着将没有足够多的孩子长大成人以支撑快速增加的老年人口。中国很快也会面临这样的问题。

人口年龄结构的变化将使赡养关系发生重大变化,从而引发经济和财政问题。我们的医疗和养老形势将发生重大变化,政府政策将不得不加以调整。

第二节 老龄化社会的界定

从全球来看,人口老龄化是一种社会现象,是近代社会人口更替、发展的必经之路,是一个动态的变化过程,它描述的是老年人口在全社会乃至全世界总人口中比例不断上升的过程。

国际社会对老龄化社会的界定是:将 60 岁及以上人口占总人口比例达 10% 或

65 岁及以上人口占总人口的比例达到 7% 作为一个国家或地区进入老龄化社会的标准。

具体来讲,老龄化社会,一方面,指的是老年人相对增加的现象;另一方面,指的是整个社会呈现的老年状态。在中国统计年鉴中,老年人的相关数据都以 65 岁为界限。1956 年联合国公布的《人口老龄化及其社会经济影响》,将 65 岁作为老年起点;1982 年,"老龄问题世界大会"将老年人的年龄标准定为 60 岁。国际上通用的标准有两个,分别是 60 岁或 65 岁。

一、年龄中位数理论

年龄中位数,又称中位年龄,是将全部人口按照年龄大小排列后,位于中间点的那个人的年龄。该指标是一种位置的平均数,一半位于中位数以上,一半位于中位数以下。年龄中位数可以反映出人口年龄分布情况和集中趋势。

人口学领域将年龄中位数看作划分人口年龄结构的标准,分为年轻人口型、成年人口型、老年人口型三种。一般情况下,年龄中位数把人口分割成相等的两部分,表示了 50% 人口的年龄界限。年龄中位数在小于 20 岁的时候,属于年轻人口型;年龄中位数在 20～30 岁的时候,属于成年人口型;如果年龄中位数大于 30 岁,就被称为老年人口型。可以通过年龄中位数大致看出人口"年轻"和"老化"的程度。

二、抚养比分析

人口抚养比,亦称"总抚养比",通常用百分比表示,表明每 100 名劳动年龄人口所要负担非劳动年龄人口的数量,就是总人口中非劳动年龄人口数和劳动年龄人口数之比。劳动年龄人口是指 15～64 岁人口,非劳动年龄人口是指 0～14 岁少年儿童和 65 岁及以上老年人口。

人口抚养比还可以分为少儿抚养比和老年抚养比。其中,老年抚养比又称为"老龄人口抚养系数"或"老年系数",指的是非劳动年龄人口中老年部分占劳动年龄人口数的比例,用来表示每 100 名劳动年龄人口要负担多少名老年人的抚养任务。从宏观角度来看,人口抚养比反映了人口作为生产者和消费者之间的相互关系。

三、人口转变与老龄化理论

人口转变不仅描述了人类发展经历的三个阶段,而且是人口再生产类型从传统模式向现代模式转变的一种趋势,反映出社会经济现代化进程与人口再生产的内在联系。西方学者在经济社会转型环境下提出了关于人口发展变化规律的理论。该理论在宏观人口经济学中的地位至关重要,它以20世纪初的欧洲社会经济发展为背景,真实反映了欧洲当时人口转变的过程。

法国学者阿道夫·兰德里是较早关注人口转变问题的学者之一。他利用法国人口数据对出生率和死亡率进行比较,提出生产力是人类发展过程中的重要因素这个论断,并将人口发展分为原始阶段、中期阶段和现代阶段三部分。1929年,美国学者汤普森对人口转变进行研究,根据世界各国的经济发展情况与人口转变出生率、死亡率、自然增长率,将全世界的国家分为三类,我国属于出生率和死亡率都保持较高水平的国家。

1948年,在汤普森的影响下美国学者诺特斯坦将其划分为三种增长模式区分。A模式指的是早期下降,B模式指的是转变增长,C模式指的是高增长潜力。著名的人口转变理论三阶段模型,如图3-2-1所示。第一阶段为前现代社会,第二阶段为现代社会,第三阶段为后现代社会。由此可见,生产力对人口发展的转变作用无可替代,同时人口发展的过程与社会经济的发展有着密切的联系。出生率和死亡率的变化成为人口转变过程中的主要因素。以上两种因素的变化改变了人口年龄结构,这是历史发展的轨迹,不可逆转,也不可违背。

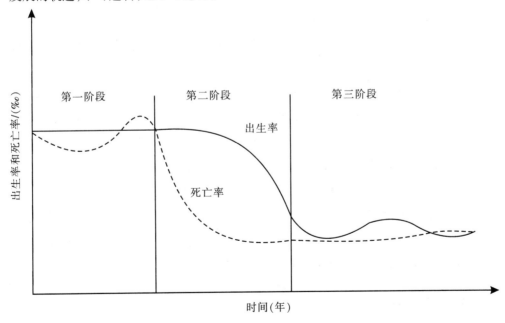

图3-2-1　人口转变理论的三阶段模型

(一)人口红利

何谓人口红利？简单说"人口红利"是人口老龄化进程中的一个阶段。该阶段的到来不仅可以减轻因人口转变引起的人口老龄化带来的负面影响,还能够拉动社会的进步和经济的发展。这个阶段最为显著的特征就是出生率和死亡率的下降,两者的差值呈现出两边窄、中间宽的形状,这种现象被称为人口红利。对于英国、德国等经历过人口老龄化的发达国家来说,人口红利已经消失,对于中国来说,人口红利的作用也在逐渐削弱。

通过对人口老龄化的研究发现,人口红利产生的原因在于生产和消费的差异与人口年龄结构的变动,表现主要是中间大、两头小,劳动力供给充足,为社会创造的财富值上升迅速,迎来了经济快速增长的时期。人口红利能给社会带来财富,那就应抓住该机遇,利用人口红利期,大力发展经济,为人口老龄化的加速甚至高龄化社会的到来做好准备。"健康老龄化"和"积极老龄化"是为了更好地应对人口老龄化而提出的两个经典理论。

(二)健康老龄化

"健康老龄化"第一次出现是在 1987 年世界卫生大会上,并被纳入世界卫生全球老年保健纲要。同时,大会提出以躯体、社会、心理、经济和智力健康作为"健康老龄化"中"健康"的五项标准。其影响因素包括人口、社会、经济、医疗保健、生活习惯等。

1990 年,第 40 届世界卫生组织欧洲地区委员会首次提出"健康老龄化"战略。此举引起世界各国的关注,对于老龄化问题的研究因此变得丰富起来。

一个国家或地区的老年人中若有较大的比例属于健康老龄化,老年人的作用能够充分发挥,那么老龄化的负面影响将得到抑制或缓解。健康老龄化是一种状态,与老年群体达到的身体、心理和社会的状态紧密相连。广义上理解健康老龄化,内含老年个体健康、老年群体健康和人文环境健康三个主要方面。

研究数据表明,越来越多的老年人认识到:无论是从个人、家庭还是国家的视角分析,健康老龄化都是应对人口老龄化的伟大战略。在重视老年人身体状况的同时,丰富的娱乐活动是实现老年人身心健康的途径之一。而实现健康老龄化仅是目标之一,积极老龄化的理念是通向健康老龄化的必经之路。

(三)积极老龄化

"积极老龄化"是指人到老年时,为提高生活质量,使健康、参与和保障等水平尽可能提高的过程。积极老龄化主要由健康、参与和保障三个因素构成。健康是基础,参与是前提,保障是保证。所谓积极老龄化,世界卫生组织指出:"积极"是指不断参与社会、经济、文化、精神,不只指身体的活动能力或参加体力劳动的能力。其目的是让老龄人口以积极的态度和方式进行自我的重新构建,消除传统消极的老年观。

积极老龄化理论的形成经历了三个阶段:第一阶段,概念提出。第二阶段,继续发展。第三阶段,理论形成。倡导积极老龄化运动,将积极老龄化的三大核心归纳为自我、人际关系和社交参与,认为"提升自身在生理、心理和社会交往方式的能力""扩展社会的交往方位"和"参与多样的社区活动"等是实施积极老龄化的有效模式。

积极应对人口老龄化的到来,不仅从物质生活的角度,而且要上升到精神生活层面。健康老龄化理论和积极老龄化理论的提出,不仅拓展了老龄化的理论范畴,而且将人口老龄化研究的深度进一步加深。

马斯洛需求层次理论表明,老年人的需求确实发生了变化。老年人受到影响,家庭成员也会受到影响。所以,老龄化问题不仅涉及老年人本身,而且属于代际问题。若要解决好此问题,就需要用可持续发展的理论来进行指导。

第三节　人口老龄化现状、特征与成因

一、我国人口老龄化社会现状

对于老龄化社会的界定标准一般是按照联合国传统标准,即一个地区 60 岁以上老人达到总人口的 10%,或新标准,即 65 岁的老年人达到人口总数的 7%,本地区视为进入老龄化社会。根据此标准,国家统计局资料显示,2011 年我国 60 岁以上的老年人和 65 岁以上的老年人分别超过 13% 和 9%,毫无疑问,我国已经进入老龄化社会。

老龄化社会是指老年人口增多、少年儿童减少,导致老年人口在总人口中所占比例不断上升,社会人口结构逐渐呈现出老年状态,从而进入老龄化社会。悲观论认为,老龄化将是 21 世纪社会的常态,以后的老龄化水平将远远高于该水平,未来的高龄老年人、残疾老年人、生活不能自理的老年人十分多,未来社会将是一个问题社会。乐观论认为,人类社会是一个理智社会,老龄化不可能无限制的发展,当老龄化到了一定程度,人类就会通过生育、迁移政策等手段调整老龄化水平,未来社会一片光明,无须为未来担忧。

人口老龄化是全世界普遍关注的问题之一,随着社会经济的发展和人口预期寿命的提高,人口老龄化将是常态。21世纪人类将全面进入老龄社会,人口老龄化是人类发展的主要特征。1998年联合国社会发展委员会在第35届年会上,提醒各成员国:"铭记21世纪老龄化是人类前所未有的,对任何社会都是一项重大挑战。"

21世纪的中国是一个老龄化的中国,人口的老龄化成为制约中国发展的重要因素。如何提高老年人的生存质量、生活质量已成为中国社会亟须解决的重要问题。本书以老龄化社会的发展为背景,以建设健康老龄化社会为目的,从中华传统体育健身独特的运动方式、健体养身理念等方面对老年人的生理特征、心理特征以及社会适应三个维度进行研究,旨在重新认识中华传统体育健身的时代价值与功效,让更多的老年人积极从事传统体育健身运动,以改善和提高我国老年人口的健康水平,为促进我国健康老龄化社会的发展做出贡献。

人口老龄化是人口年龄结构转变中的特殊时期,是任何国家无法逾越的阶段。老龄化的到来,使老年人数量增加,对老年服务业的需求也随之增加,要想更好地研究老年服务业,就要对人口老龄化现状有较好的理解。本节将从中国人口老龄化的成因、发展历程、特征表现和现状描述四个方面对人口老龄化问题进行分析。

二、我国人口老龄化成因

我国作为世界上人口最多的国家,存在人口总量大、老年人口数量大等特点,其原因主要可以从出生率和死亡率两个方面分析,如图3-3-1所示。

第一,出生率降低。如今,很多独生子女已成家立业,一部分年轻人受现代生活方式、西方思想的影响,选择成为丁克一族,这也影响了出生率。

第二,死亡率下降。伴随着高科技的发明和应用,医疗水平有了较大提高,人口死亡率有所降低。

另外,计划生育政策也是导致生育率下降的重要因素之一。国家统计局的数据显示,2019年底我国人口出生率为10.48‰,死亡率为7.14‰,自然增长率为3.34‰。1978—2019年,中国人口变动趋势见表3-3-1所列。

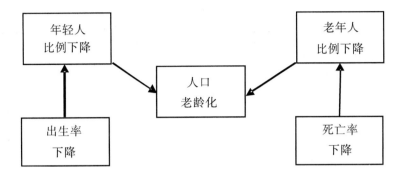

图3-3-1　人口老龄化与出生率、死亡率下降关系图

表3-3-1　中国人口变动趋势　　　　　　　　　　单位:‰

年份	人口出生率	人口死亡率	人口自然增长率
1978	18.25	6.25	12.00
1979	17.82	6.21	11.61
1980	18.21	6.34	11.87
1981	20.91	6.36	14.55
1982	22.28	6.60	15.68
1983	20.19	6.90	13.29
1984	19.90	6.82	13.08
1985	21.04	6.78	14.26
1986	22.43	6.86	15.57
1987	23.33	6.72	16.61
1988	22.37	6.64	15.73
1989	21.58	6.54	15.04
1990	21.06	6.67	14.39
1991	19.68	6.70	12.98
1992	18.24	6.64	11.60
1993	18.09	6.64	11.45
1994	17.70	6.49	11.21
1995	17.12	6.57	10.55
1996	16.98	6.56	10.42
1997	16.57	6.51	10.06
1998	15.64	6.50	9.14
1999	14.64	6.46	8.18

续表

年份	人口出生率	人口死亡率	人口自然增长率
2000	14.03	6.45	7.58
2001	13.38	6.43	6.95
2002	12.86	6.41	6.45
2003	12.41	6.40	6.01
2004	12.29	6.42	5.87
2005	12.40	6.51	5.89
2006	12.09	6.81	5.28
2007	12.10	6.93	5.17
2008	12.14	7.06	5.08
2009	11.95	7.08	4.87
2010	11.90	7.11	4.79
2011	11.93	7.14	4.79
2012	12.10	7.15	4.95
2013	12.08	7.16	4.92
2014	12.37	7.16	5.21
2015	12.07	7.11	4.96
2016	12.95	7.09	5.86
2017	12.43	7.11	5.32
2018	10.94	7.13	3.81
2019	10.48	7.14	3.34

数据来源:国家统计局网站。

数据对比结果:(选取 2010—2019 年段,年份时间点对比)

2010 年与 2019 年对比,10 年中出生率降低了 1.42 个千分点;死亡率由下降转为增加趋势,10 年共提高了 0.03 个千分点,自然增长率降低了 1.45 个千分点。

20 世纪 80 年代至今,我国人口已由高出生率、低死亡率、高自然增长率发展演变为低出生率、高死亡率、低自然增长率,中国人口已进入平稳低水平发展阶段。

三、中国人口老龄化发展态势

资料显示,受计划生育政策的影响,第一批响应计划生育号召的年轻人已经步入老年,家庭“421”格局已然形成。

2006 年,中国发布《中国人口老龄化发展趋势预测研究报告》,将中国人口老龄化发展分为快速老龄化、加速老龄化、重度老龄化三个阶段,见表 3-3-2 所列。

快速老龄化阶段(2001—2020 年),该阶段中国将平均每年新增 596 万老年人口,到 2020 年,老年人口将达到 2.48 亿,老龄化水平将达到 17.17%。

加速老龄化阶段(2021—2050 年),该阶段伴随着第二次生育高峰人群进入老年,中国老年人口数量开始加速增长,平均每年增加 620 万人。到 2023 年,老年人口数量将增加到 2.7 亿。到 2050 年,老年人口总量将超过 4 亿。

重度老龄化阶段(2051—2100 年)。2051 年中国老年人口规模将达到峰值 4.37亿人,这一阶段,老年人口规模将稳定在 3 亿~4 亿人,约为少儿人口数的 2 倍。老龄化水平基本稳定超过 30%,其中高龄老人占老年总人口的比例将超过 25%,进入一个高度老龄化的发展平台期。

表 3-3-2 中国人口老龄化发展三个阶段特征

阶段(年)	特征				
	特点	老龄化水平	老年人口增长速度	阶段末 80 岁及以上老人口数/万人	80 岁及以上老年人占年老年人口比例
2001—2020	快速老龄化	2020 年达 17.17%	596 万人/年	3067 万人	12.37%
2021—2050	加速老龄化	2023 年达 30% 以上	620 万人/年	9448 万人	21.78%
2051—2100	重度老龄化	这一阶段稳定31% 左右	—	—	25%~30%

资料来源:《中国人口老龄化发展趋势预测研究报告》。

四、我国人口老龄化表现特征

相关研究表明,我国人口老龄化程度在未来的五十多年将持续加深。到 2030 年之前,我国将进入高龄化社会。分析中国人口老龄化发展过程,不难看出存在以下几个方面的特征。

(一)少儿人口比例与老年人口比例朝相反方向发展

据国家统计局数据显示,1995 年以前,少儿人口总数持续增长,1995—2005 年开始下降,然而少儿人口占总人口的比例自1965年以来一直呈下降趋势,见表3-3-3所列。

1975年以前,老年人口总数上升,老年人口比例下降;1975年以后,老年人口比例上升,2011年底65岁及以上老年人口约占总人数的十分之一,这个对比显示老龄化程度在加剧,详见表3-3-3所列。

表3-3-3 中国0~14岁人口数和60岁及以上人口数及其占总入口的比例

年份	0~14岁(万人)	占总人口比例(%)	60岁及以上(万人)	占总人口比例(%)
1950	18604.7	33.5	4157.2	7.5
1955	22595.9	37.1	4619.5	7.6
1960	25579.7	38.9	4751.6	7.2
1965	29299.4	40.2	5085.7	7.0
1970	33003.9	39.7	5678.7	6.8
1975	36637.8	39.5	6433.5	6.9
1980	35463.3	35.5	7386.5	7.4
1985	32427.6	30.3	8621.2	8.1
1990	31987.5	27.7	9907.8	8.6
1995	32236.3	26.4	11373.0	9.3
2000	31670.2	24.8	12875.2	10.1
2005	28805.7	21.8	14270.7	10.8
2010	27597.5	20.2	16804.4	12.3
2015	27358.2	19.4	20730.2	14.7

资料来源:联合国网站,人口统计部分。

(二)人口老龄化速度快

与其他国家相比,我国的人口老龄化速度是相当快的,我国的人口老龄化速度比日本稍微慢一点。可以说日本是发达国家中人口老龄化速度最快的国家,中国是发展中国家中人口老龄化速度最快的国家,见表3-3-4所列。

根据联合国人口计划的数据,到2050年,中国的老年人口数将是2000年的3倍之多。况且,中国的人口老龄化问题不仅是老年人口占总人口的比例问题,还是老年人口的绝对数量问题。中国人口出生高峰持续时间长,使中国人口老龄化的趋势明显。

表3-3-4　中国与日本等国家人口老龄化速度比较

国家	65 岁及以上老年人口占总人口的比例达到特定值的年份和所需年数					
	达到特定值的年份			所需年数		
	7%	10%	14%	7% ~ 10%	10% ~ 14%	7% ~ 14%
中国	2002	2018	2029	16	11	27
日本	1970	1985	1994	15	9	24
英国	1930	1950	1975	20	25	45
瑞士	1935	1960	1985	25	25	50
美国	1945	1975	2010	30	35	65
法国	1865	1940	1980	75	40	115

资料来源:于学军.中国人口老龄化的经济学研究[J].中国人口科学,1995(6):22.

(三)人口总数增长,自然增长率下降

国家统计局数据显示,中国人口自 1949 年 5.4 亿,随后在几十年里猛增,人口翻了一番还多。到了 2005 年,中国人口总数已达到 13 亿多人,预计到 2050 年,人口总数将超过 15 亿人。因此,"低增长率"与"高增长量"并存,是我国在 21 世纪上半叶必须面对和解决的重大问题之一。

(四)老年人口绝对数增多,高龄化趋势明显

统计数据显示,2005 年中国老年人口突破 1 亿人,占世界老年人口的 20%。中国老年人口不仅规模大,而且高龄化趋势明显。

根据表3-3-5 的数据分析:我国不仅人口总体老化,其老年人口内部也在不断老化。1991—2000 年,80 岁以上人口的平均增长速度接近 40%,十年间增加了 400 多万人。

预测 2040 年,"中老年"人口将接近老年人口总数的一半,达 1.5 亿人,80 岁以上老年人口的比例也将占老年人口总数的 8.9%,达 3300 万人。70 岁以上的老年人口到了 2050 年将接近 2 亿人,80 岁以上的人口也将占老年人口总数的 12.9%,老年人口占比很大。

表3-3-5　1990—2050年中国老年人口内部老化趋势

年份	总数(亿人)	60~69岁(%)	70~79岁(%)	≥80岁(%)
1990	0.97	62.2	29.9	7.9
1995	1.14	61.8	31.5	6.7
2000	1.29	60.2	32.9	6.9
2005	1.43	57.5	35.0	7.5
2010	1.65	58.7	33.5	7.3
2015	2.02	63.1	29.4	6.7
2020	2.31	61.9	35.1	7.1
2025	2.74	58.2	30.8	8.4
2030	3.24	60.3	32.6	8.9
2035	3.62	58.0	33.6	10.6
2040	3.71	50.2	40.9	12.9

可见,即使同样数量的老年人口,由于内部老化程度不同,其中的"轻龄老人""中龄老人"和"老龄老人"的构成也不同,健康老人和卧床老人的比例不同,所需的照顾、支持的程度也有所不同。

(五)老龄化速度快、未富先老

纵观老龄化进程,与其他老龄化国家不同,我国的老龄化速度过快,容易出现"未富先老"的状况。

统计数据显示:从1990年到2030年,在世界范围内,60岁以上人口所占比例从9.3%上升到15.9%,几乎增长一倍。1990年我国60岁以上人口占总人口的比例仅为8.9%,到2030年,这个比例不断提升,预计到2050年有可能达到25.9%。与其他国家相比,我国老龄化程度高出很多,到2050年,我国老年人口占总人口的比例比1990年高出3倍,见表3-3-6所列。

据预测,随着21世纪我国老龄化速度的加快,2010—2050年将是我国人口老龄化速度最快的时期,估计这么高的老龄化速度在老龄化过程中是罕见的,在这一时期我国将面临严峻的挑战。

表3-3-6　世界范围内老年人口占总人口比例的变化趋势　单位:%

国家/地区	1990年	2000年	2010年	2020年	2030年	2050年
中国	8.9	10.1	11.7	15.6	21.5	25.9
发展中地区	7.0	7.6	8.4	10.6	13.6	18.8
发达地区	17.1	18.7	20.8	24.8	27.6	29.6
全球	9.3	9.9	10.8	13.1	15.9	20.3

注:老年人指年龄在60岁及以上的人口;发展中地区和发达地区由联合国定义。

资料来源:World Bank Population Projection,1994—1995 Edition.

(六)地区发展不平衡

从人口普查的数据来看,各个地区的老龄化差距十分明显。在我国东部地区和大中城市,已经进入老龄化阶段。大城市主要的不是人口问题,主要的是人口的结构性问题,尤其是人口的年龄结构老化问题。目前中国人口已经自东向西开始老龄化,而且速度越来越快,就中国的整体来看,目前人口老龄化的社会经济影响还没有显性化,但局部地区的形势已相当严峻,农村人口老龄化问题也愈益突出。虽然城乡老龄化的程度正在逐步趋近,人口老龄化本身也是一个动态过程,它对社会经济的影响也是动态的。

(七)老年人口女性多于男性

我国人口中,男性整体要多于女性,而且该趋势还在不断扩大。恰恰相反的是,老年人口中女性人口多于男性,且多出的多为高龄女性。研究分析认为,这主要是我国女性的人均预期寿命要明显高于男性造成的。

五、中国人口老龄化现状描述

(一)时间维度

1.老年人数量变化

《中国统计年鉴(2020)》数据显示,1996年中国总人口数达12.11亿人,2014年底该数字已经改写为13.678亿;1996年65岁及以上老年人为7833万人,截至2014年12月底,65岁及以上老年人达到1.376亿人。1996—2020年中国总人口的增长速度不断放慢,由1996年的1.05%放慢到2020年的0.21%。

2.老年人比例对比

1990年,中国65岁及以上老年人占比5.5%,2020年该比值为13.5%。其中变化最大的是0~14岁人口占总人口的比例,该指标由1990年的28.9%下降至2020年的17.9%,降低11个百分点。

3.抚养比变化

1990—2020年,总抚养比总体呈"V"型下降趋势,抚养比降低是好事,但是抚养比是由少儿抚养比与老年抚养比两部分构成,国家处于劳动年龄段的人越多,给国家创造的价值就会越多,这就是很多国内外学者研究的"人口红利"期。仔细观察统计,可以发现,少儿抚养比在降低,但是老年抚养比整体在上升,同时没有起伏。少儿抚养比的下降速度高于老年抚养比的增加速度造成总抚养比下降,这种人口发展趋势,不但影响我国人口年龄结构,还会加速人口老龄化,引发越来越多的社会问题。

(二)空间角度

本研究所使用数据从《中国统计年鉴(2020)》中获取,利用SPSS19.0软件中聚类的方法,以30多个省、自治区、直辖市的65岁及以上老年人口占总人口的比例为样本,从宏观角度考察中国人口老龄化现状及分布。

经过数据分析,按照老年人口比例的不同将省、自治区、直辖市分为三类,见表3-3-7所列。

表3-3-7 层次法聚类结果

类型	所包含省、自治区、直辖市
第一类	安徽、山东、辽宁、上海、江苏、浙江、湖南、广西
第二类	北京、山西、吉林、黑龙江、福建、天津、河北、江西、河南、海南、贵州、云南、陕西、甘肃、四川、重庆、湖北
第三类	西藏、青海、新疆、广东、内蒙古

其中,辽宁和上海等地17个省份65岁及以上老年人口占总人口的比例已经高于全国的平均水平。北京、天津及河北等65岁及以上老年人平均比例达7.85%。西藏和青海等地的平均水平只有7.07%。另外,从人口分布的视角对中国人口老龄化现

状进行重新审视,我国人口老龄化的分布与经济状况基本一致。同时,对于本身人口基数少、经济不发达的贫困地区来说,老年人平均寿命相对较低是现实。

第四节　人口老龄化的社会影响与困境

一、人口老龄化对劳动力、消费的影响

人口老龄化对劳动力市场产生影响是必然的。从长期来看,人口老龄化的发展将使劳动力增长趋缓,劳动年龄人口比重下降,最终劳动力供给规模会趋于萎缩。对于这一影响,悲观主义者认为,人口老龄化背景下劳动力增长的缓慢将减弱技术进步的动力,导致劳动生产率增长乏力;乐观主义者则认为,劳动力因人口老龄化而具有了稀缺物品属性,劳动增长率放缓不但不会削弱技术进步的动力,反而会起到增强动力的作用,有助于资本密度的上升和对劳动生产率的提高。

国外相关研究在注意到人口老龄化背景下劳动力供给规模变化的同时,也关注劳动力年龄结构的老化问题。根据生命周期理论,年龄因素不再是可以忽略的因素,而是解释个体生产能力和经济行为的重要变量,即不同年龄的劳动力相互之间并不能完全替代。

事实上,发达国家的研究发现,年龄—劳动生产率分布显现出倒 U 型的曲线。也就是说,在刚进入劳动力市场时劳动生产率较低,随着经验的积累,劳动生产率会逐步提高,而接近退休时劳动生产率会出现下降,意味着劳动力年龄结构的变化也将改变总的劳动生产率。为此,美国经济学家 Clark 等指出,经济活动中年轻力壮的劳动力和处于接近衰老的劳动力的作用存在很大差别,因此劳动年龄人口高龄化将影响劳动生产率的提高。不过,劳动年龄人口的老化对于劳动生产率一定存在弊大于利的影响显然是存在争议的。一些技术密集型行业部门,对智力的要求高于体力的要求,老年劳动力并不显得比年轻劳动力生产效率低,而在以体力为主的劳动密集型的行业部门,年轻劳动力则明显占有效率上的优势。因此,劳动力年龄结构的老化对劳动生产率究竟会产生怎样的影响、影响程度如何,还需要根据一国或一地区产业结构的特点及劳动力自身情况来做具体的分析。

随着我国人口老龄化程度的不断加深,我国劳动力数量、质量和产业结构等受到很大影响。彭秀健等考察了人口老龄化对总劳动参与率及劳动力供给数量的影响后

发现:第一,如果中国的总和生育率维持在现有水平,劳动年龄人口数量将于2015年以后出现负增长。如果总和生育率继续下降到很低的水平(TFR=1.35),中国的劳动年龄人口规模会急剧收缩,即便将中国的总和生育率提高到联合国人口预测中方案的水平(TFR=1.84)也并不能阻止劳动年龄人口在2015年以后的缩减。第二,在分年龄劳动参与率维持不变的情况下,人口老龄化会通过降低总劳动参与率来消减有效的劳动力供给数量。第三,年轻人口的劳动参与率很有可能延续下降的历史趋势。康建英则基于人口普查资料,重新构建了劳动力的年龄别人力资本存量,分析了人力资本对综合要素生产率的贡献,结果发现,老、少劳动力年龄组对综合要素生产率的贡献为负值,说明相应组别的劳动力存量较低,限制了人力资本外溢作用的发挥。

(一)劳动力供给

人口老龄化使劳动力人口的年龄结构发生变化,青年劳动力在劳动年龄人口中的比重下降,年长劳动力比重增加。随着年龄的不断增加,人的生理功能会出现退化,体力和精力都会出现衰退,反应会变慢,接受新知识、新技术的能力也相对较慢,所需的培训费用相对较高。在高速发展的市场经济条件下,变化是经常的。面对变化,年长的劳动力不容易适应繁重的劳动和快节奏的生产活动。随着年长劳动力接受新事物、掌握新技能能力的降低,生产效率往往低于青年劳动力。虽然年长的劳动力在工作经验和工作阅历上具有一定的优势,是社会生产中不可或缺的一部分,然而从整体趋势来看,人口老龄化会对整个社会劳动生产将产生不利影响,甚至会对经济发展产生负面影响。换言之,2011—2060年,随着人口整体上趋于老龄化,劳动年龄人口本身也呈现出结构老化的趋势。一方面,在经济社会发展水平的提高和教育的发展下,15~24岁年龄组人口中的大部分将接受较高级的正规或非正规教育,因而暂时不进入劳动力市场;另一方面,随着劳动力市场中劳动年龄人口的结构老化,高龄劳动年龄人口会逐渐增多,而因其流动性较差、再培训的费用高、对新技术的接受速度较慢,会较难适应产业调整对劳动力的需求,从而造成结构性的失业,后果将是劳动生产率下降、社会总产出下降、经济发展速度减缓。

(二)劳动参与率

根据人的生命周期理论,随着生命的延续,步入老年以后,人的体力、智力等均会趋于衰退,劳动参与能力也会随之减退。对于总人口而言,当其进入老年型,老龄化程度不断加深的时候,劳动参与能力的减弱会导致劳动参与率的下降,从而影响整个社会的发展。

劳动参与率是反映劳动力供给的一项综合指标,它的计算可以表达为经济活动人口占劳动年龄人口的百分比,其中分性别、分年龄的劳动参与率可以反映经济活动人口分布的不同侧面。此外,劳动参与率还反映了整个劳动年龄人口的就业强度,在劳动年龄人口规模和结构一定的情况下,劳动参与率决定了社会生产中的劳动投入规模。当劳动年龄人口的年龄结构发生变动时,劳动参与率会相应变动,这通常反映在劳动年龄人口的相对高龄化过程中。

(三)人口老龄化对产业结构的影响

随着人口结构的快速转变,劳动供给压力将逐渐减小,而劳动需求将随着经济的增长和结构的改善不断增加,就业总量供求矛盾将持续缓解,但是就业的结构性矛盾会日益突出。就业结构指社会劳动力在国民经济各部门、各行业、各地区、各领域的分布、构成和联系,是反映一国就业水平和经济发展阶段的重要标尺。按照不同的分布方式,就业结构可分为就业的部门结构、城乡结构、所有制结构、地区结构、知识结构,以及性别结构、职业结构、技术结构等。就业结构是由一定的经济和社会发展水平所决定的。随着经济和社会发展水平的提高,就业结构经历了一个从低级到高级、从原始到现代的发展过程。不同类型的就业结构具有不同的功能,就业结构和其他结构系统一样,具有一定的功能。就业结构是经济结构的重要组成部分,它从属于经济结构,并受产业结构的决定性影响。反过来,就业结构在一定程度上也影响着经济结构,合理的就业结构是合理经济结构的保障。

二、人口老龄化与和谐社会及健康中国

老年人口的需求对生产和产业结构的影响主要通过消费来实现。按照消费经济学的观点,老年人口的绝对数量增加到一定程度时,将形成一个崭新的、庞大的消费市场,以满足具有老年人特色的衣、食、住、行、乐、医等方面的物质文化需求。这将促进一个"阳光产业"——老龄产业的兴旺发展,同时老龄产业将成为调整社会生产结构、消费结构和市场结构的强大推动力。

老年人口的消费需求同一般人的消费需求一样,从人口再生产角度可分为生产需求、享受需求和发展需求;从老年人具体消费需求形式角度可分为老年人的物质生活需求、精神文化需求、护理照料需求、精神慰藉需求、收入保障需求。我们将从老年人具体消费需求形式的角度,探析人口老龄化如何影响产业结构的变动。

（一）物质生活需求

老年人口的物质生活需求主要包括衣、食、住、行、医等,受老年人自身的生理特点影响,其物质生活需求呈现出与一般人不同的特点,从而影响到产业结构。

（二）食品需求

随着年龄的增长,老年人的咀嚼功能、消化功能逐渐衰退,过于坚硬、不易消化的食物不适合老年人食用。同时老年人中高血压、高血糖、高血脂等心脑血管病患者也很多,不能摄入过多高热量、高糖分的食物。为了适应生理特征变化,老年人应摄取松软、易消化、易吸收的低糖、低热量、高营养的食物。

（三）服装需求

老年人对服装的需求以穿着舒适、方便为主,随着生活水平的不断提高,越来越多的老年人开始追求服装的款式。

（四）住宅需求

老年人健康状况衰退,活动能力减弱,外出活动减少,而且随着年龄的增长呈累进衰减的趋势,老年人年龄越大待在家里的时间越多,因此针对老年人的客观需要设计住宅是十分重要的。这一点在我国尚处于初始阶段,除了建造的老年公寓外,住宅建设基本上没有考虑到老年人的特殊需要。楼层高低、楼梯和电梯设备,房间与房间、卧室与卫生间的无障碍设计,阳台、照明采光的强度和分布,大门开锁、电器开关、安全报警等的安全快捷问题,都要尽可能地考虑到老年人的生理和心理特点。

（五）医疗保健需求

老年学研究表明,老年人大多数时间处于不同程度的带病期,医疗、卫生、保健是其基本的需求。据有关专家测算,老年人所需医药费用为总人口平均医疗费的 2.5 倍,60 岁及以上老年人口的医药费将占用人一生中医药费的 80% 以上。随着老龄化程度的不断加深,尤其是高龄老人人数的增加,老年人口的医疗保健需求越来越迫切。

（六）老年教育需求

与少年教育和成年教育不同,老年教育一般具有非学历、实用性突出的特点,目的是维持和提高老年人的生活质量,使老年人能够继续参与社会、融入社会。通过老年教育,老年人不仅提高了自身的文化素质,也充实了晚年的文化生活。甚至有些人可以学一技之长,实现再就业,既能对社会做出贡献,发挥余光余热,又能增加个人收入。另外,舞蹈、书法、绘画等专长使老年人能够参与相应的文化艺术活动,既丰富了老年人的业余生活,也增进了其心理健康。

(七)老年娱乐需求

老年人退休后失去了工作时所承担的社会角色,这使老年人的生活方式发生了改变,闲暇时间变多,必然引起老年人的不适应。为了调整心理上的不适应,越来越多的老年人在闲暇时间会参与各种各样的文化娱乐活动,如阅读报纸和书籍、外出旅游等。近几年来,旅行社针对老年人开设的"夕阳红"旅游特别火热。应注意到,老年群体由于文化程度不同、职业不同、民族不同、性格不同,以及年龄和性别构成不同,不同的群组有不同的文化娱乐需求,不可千篇一律。

(八)护理照料需求

随着年龄的增加,老年人口的身体机能逐渐衰退,各种慢性疾病使得老年人生病和卧床的时间不断增加,需要子女及他人的悉心照料。尤其是高龄老人,其生活护理照料需求更是强烈。高龄老年人一般指80岁及以上的老年人,这类老年人绝大多数处于带病期或者伤残期,生活部分不能自理甚至完全不能自理,需要部分或者完全由他人照料。随着年龄的增长,生活不能自理的老年人人数快速增长,尤其是80岁及以上的高龄老年人口。

(九)精神慰藉需求

随着经济的发展和社会的进步,老年群体的生活水平得到了明显改善。然而,一些老年人由于很少顾及心理上的自我修养,有的在生活中容易产生不良心态,遇到不愉快的事,容易操之过急,好动肝火;有的则会精神空虚、丢三落四、悲观失望、闷闷不乐;也有的丧失了生活的信心,产生了厌世的情绪。尤其是空巢老人和孤寡老人的心理健康,存在的问题更多。这些问题都需要从心理和精神慰藉的角度出发来解决,需要具备一定专业知识的人来承担重任。同时,也需要亲人、医生、社区工作人员等采用有效的沟通方式来安抚,以消除老年人的疑虑,帮助其树立信心、增强心理健康,使其能够度过安乐的晚年。

（十）收入保障需求

除了满足老年人的衣食住行、精神文化及生活照料护理等需求外,老年人还需要一定的收入保障。目前,仍有部分老年人的收入需求没有获得相应的社会保障,除家庭子女供养外,还需要商业保险加以弥补。在人口老龄化不断加深的情况下,社会养老保险、个人储蓄和商业性养老保险需求将呈上升趋势。

三、老年人对文化和健康的诉求

老年人的增多会增加医疗保健类消费品的消费。中国传统的医疗服务行业以治疗及预防传染性疾病和多发病为主,保障对象主要是婴幼儿和劳动力成年人口。近些年,随着医疗条件和医疗技术的进步,人类的疾病谱已经发生了明显的变化,传染性疾病的治愈率和意外事故的存活率都有了明显的提高,人均寿命大大提高,一般人都可以顺利地存活到老年阶段。2007 年 8 月 23 日世界卫生组织(WHO)发布的《2007 世界卫生报告》指出,中国男性和女性的平均寿命分别是 71 岁和 74 岁。老年人口的发病率要高于其他年龄组人口,并且慢性病取代了急性病和传染病成为对老年人健康状况的主要威胁。由于老龄人口对长期保健服务和预防医疗的需求增加,医疗服务行业的结构也在往这方面转变。以上决定了社会医疗服务行业的重心必然向老年人群体方面转移。

由于老年人的患病率较高,老龄人口医疗服务费用的增加会给社会带来压力。随着人口老龄化的发展,必然导致医疗保障资金开销的迅速增加。因此,中国要顺利进入和度过人口老龄化社会,应进一步完善社会保障体系:鼓励发展个人储蓄性养老保险和商业保险,以弥补基本社会保障的不足;政府积极引导高收入人群、商业保险企业有序、平稳地进入医疗保险市场,减轻政府的社会负担;在社会保障体系的设计中,要特别关注老年人口问题,尤其是高龄老年人口,应对其制定特殊的照顾政策,以保障高龄老年人晚年的基本生活需求。

四、发展老年文化产业

发展老年教育,建立老年大学,利用广播、电视、网络、函授等多种方式,在满足老年人求知需求的同时,也使老年人把老有所学与老有所用结合起来,实现老有所学、老有所用,焕发生命潜能,激发老年人对生活的热爱,提高老年人的心理素质和科学文化素质,防止老年人思想僵化。老年人要能够跟上时代的步伐,从而为社会作出更多有益的贡献。

五、发展老年文化娱乐业

老年人为保证身心健康,希望参与既能娱乐又能强身健体的活动。轻量的体育活动适合老年人的需求,而这些运动往往与音乐等艺术形式相结合,既使参与者心情愉快,又可以使参与者达到强身健体的目的。这些轻量的体育运动,不需要太大的投入,只要有专门的人员为老年人做指导并根据运动的需求提供服务,就会获得低投入、高产出的效益。

六、发展老年旅游产业

随着旅游业的迅速发展和人们生活水平的提高,不少老年人对旅游产生了较大的兴趣。他们喜欢漫步,喜欢新鲜空气,喜欢外出观光,但由于老年人特殊的身体状况,他们的外出旅游需要更多的照顾,因此,可以根据老年人不同的身心特征组建老年人旅游团,选择适合老年人的景点,以丰富老年人的晚年生活。

第四章   中华传统体育健身综述

第一节   中华传统体育健身概述

中华传统体育健身是一门颐养身心的学问和方法,它是建立在华夏民族对于人类生命的独特认知的模式之上,具有系统的理论思想和实践方法。

中华传统体育健身包含着非常丰富的文化内涵,且形式多样,涵盖人们生活的各个方面,具有健身娱乐、延年益寿、修身养性的作用。在其发展中不断发挥着增强和提高生命素质与智慧的作用,对于弘扬中华优秀传统文化具有积极作用。

人类生命成长的历史就是人类不断积累经验、不断优化生存环境、提高生命质量的过程。中华传统体育健身正是在这一过程中形成的。伴随着医学和古代哲学的发展,以及中国社会的客观需求,从古代就开始形成追求延年益寿的生命观念,有了抗御衰老的企望和抵御死亡的尝试与努力。人们在生活和生产中不断进行着理论上的探索和实践经验的积累。例如,人们发现通过呼吸锻炼、身体运动等方法可以在一定的范围内延缓人体机能衰老的周期等。而且这些方面的内容在总结和丰富的过程中不断受到古代哲学、中医等的影响与渗透,由此形成了中国传统体育健身的基本理论。

随着时代的发展,科学的不断进步,中华传统体育健身正受到广泛的重视,并为中华民族乃至世界各族人民的健康做出贡献。中华传统体育健身发展历史久远,纵贯中华五千年历史,是伴随中国古代文明的产生与发展而不断丰富、完善起来的。

中华传统体育健身可理解为对生命的保养,以及围绕这一主题的各方面的理论思想与具体实践方法的统一。

中华传统体育健身是在相关理论指导下进行的疾病预防、生命养护等健身实践活动。中华传统体育健身以中国传统哲学为理论指导,综合运用中医的理论与方法,采用行气、导引等具体手段,通过提高身心健康水平、发展身体自我调节能力、提高生命和生存质量等途径进而达到延年益寿的目的。

中华传统体育健身以追求身心平衡发展为原则，注重人体心理与生理的健康关系，注重人与自然、人与环境的和谐关系，形成了具有中国特色的传统生命科学理论与方法体系。

第一，中华传统体育健身理论内涵丰富。受中国古代文化环境和思维特点的影响，中华传统体育健身理论主要构建在经验和感性基础之上。在中国历史上，传统文化的各个分支都与传统体育健身有着或多或少的联系，而在各种学派的理论体系中，也都不同程度地包含着健身和延年益寿的成分。

因此，在历史长期的流传和演变过程中，受传统思想的影响，在围绕健身长寿这一前提下，有关中华传统体育健身的不同的理论探索与实践领域就形成了各具特色的理论体系和理论结构。例如，有些理论关注作为整体的社会人的生命存在和基本关系与需求，基本上属于广义的传统健身理论概念。但道家理论注重社会、心理、自然、生理之间的关系，更注重个体人格与健康生命的发展。医学方面理论则建立在观察人的生理规律的基本认识和经验基础之上，所以认知各不相同。

第二，传统养生学拥有内容各异、形式多样的实践活动。中华传统体育健身项目数量很多，锻炼方法上主要可划分为导引、行气、起居、四时养生等。

中华传统体育健身是一门研究生命科学的科学，其目的、手段和发展过程都围绕人类生命健康发展这一中心。中华传统体育健身方法多样，理论丰富深刻，这些理论思想与实践方法也都围绕人的心理与生理现象而进行。从起源来看，以贵人重生为思想前提，注重延长人的寿命的时间，以追求延年益寿为目的。从发展来看，无论采用什么样的实践方法，无论依据什么样的理论体系，始终围绕着健身锻炼、养护身体、提高生命健康、追求心理与生理平衡这一主线而展开。

中华传统体育健身是具有中国特色的传统体育生命科学。21世纪，传统的东方养生受到广泛的重视，越来越多的人对这一传统文化进行了研究。中华传统体育健身不仅深刻影响着民众生活的方方面面，同时流传也日趋广泛，尤其是在文化交流日益扩大的今天，中华传统体育健身受到越来越多的认同与欢迎。

第二节　中华传统体育健身的内涵

　　中华传统体育健身思想源于中华传统文化,中国传统体育健身文化是根植于中华传统文化母体并衍生发展而成的,只有对中华传统文化有一个比较深入的了解,才能更全面地学习与研究中华传统体育健身文化。

　　中华传统文化是一种多元化复合体的综合型文化,其强调以人为本,重视人与自然、人与人之间的相互关系,强调"万物与人"的整体和谐统一,具有重自然技艺的倾向性,同时具有整体直观的直觉思维,但是缺乏严密的分析思维和形象逻辑思维。正是如此,中华传统体育健身才形成了独特的文化内涵。

一、天人合一思想

　　我国古人认为,人是自然界的一部分,人和自然具有相适应的关系,并共同受阴阳五行法则的制约,遵循统一的运动变化的规律。"天人合一"整体观是中华传统体育健身思想的基本观点之一,是人类在一定实践活动基础上所形成的关于人与自然之间关系的总的认识或看法。因此,体现在中华传统体育健身文化中这种人与自然息息相关的关系就被称为"天人合一"整体观。

　　中国古代练家将人体传统健身活动置于一个整体系统环境中去考虑和认识,以自然法则和规律来养护生命、炼养精神。以"天人合一"为特色的人天观对传统健身文化影响很大,这种影响在以下两个方面得到了充分的体现。一是认为人体内部环境系统与外客观自然环境系统是统一的,有共同变化规律,因而人的养生活动应该注重四时,就是要求人根据四季不同的气候环境的变化采取不同的健身方式,即春生、夏长、秋收、冬藏。二是认为人的身体器官结构与宇宙结构相应,在同一个结构体系中。天地是一个大宇宙,人体是一个小宇宙,两者是息息相关的统一整体,人体结构与宇宙结构相应共同组成天人结构的体系。古代练家根据天人大小宇宙的理论,用宏观的外在宇宙规律来指导现实中人体养生实践,并在具体的活动中以人体内在变化来体验融入天地自然中的个体境界,达到人体与自然的和谐统一。天人一统的观念使中国健身文化同古代哲学的自然天道观察紧密相连,它对传统体育健身术的发展有着极为深远的意义。

二、气一元论思想

中国古代哲学认为,在宇宙自然和一切生命体之间,充斥着一种至精至微、无所不在、运动变化的物质实体——气。从这种原始唯物的观点出发,古人认为,人的生命运动的本质也在于"气"的变化。庄子说:"人之生,气之聚也。聚则为生,散则为死。"就是说,人的生、长、老、死都是"气"变化的结果,人体内"气"变化的过程决定了人的生命运动。"气"既决定和支配着天地万物与人类生命的存在,又将人的生命存在同宇宙自然、天地万物的存在联结起来,形成一个统一的、具有同一内在结构和变化规律的不可分离的系统。

这种"气"构成了宇宙的本体及规律,在中医学理论中就有先天气、后天气、元气、宗气、营气、卫气、经络之气、脏腑之气、真气等名称,它们都是参与和决定人的生命整体中不同层次的基本物质。

气一元论深刻影响着中华传统体育健身文化的基本形态和特征。第一,元气是构成宇宙万物的本体,也是构成人的生命的基本物质。以道家为主体的古代养生家认为,元气是生命之根、生命之源,人的形体、精神都由这一根本要素决定和支配。第二,中国传统哲学认为,决定人体寿夭强弱的,不仅是先天精气或后天水谷营卫之气的盛衰多寡,还有元气在人体内存在的状态。元气的根本属性是运动变化的。元气既为生命之根本,它的运动规律也就是人的生命规律,而这些运动规律是由元气的阴阳变化决定的。

健身导引以行气。气补益有非常重要的作用,和则生气,不调则损气。气贵充盈流动,滞郁就会引起疾病,所以,呼吸吐纳和导引以促进元气流动与新陈代谢。通过传统健身的导引吐纳可以调理气息,促进平衡流动,不但可以强身健体,而且可以防病治病,达到延年增寿的效果。

三、动静适宜和形神统一思想

(一)动静适宜

在中国哲学和养生思想史上,动与静是一对十分突出的矛盾,是物质的两种运动形式。明清之际的王夫之说:"太极动而生阳,动之动也;静而生阴,动之静也。"他还说:"静即含动,动不舍静。""静者静动,非不动也。"这说明动与静是不可分割的,生命体存在着动与静的变化,如阴气主静,是人体的营养根源;阳气主动,是人体的运动动力。

(二)形神统一

人能养神,神守则身强。反之,神不藏而躁动不安,则伤神而致病。当然,心神宜静的"静"不是绝对静止,而是"纯粹而不杂,静一而不变,淡而无为,动而以天行,此养神之道也"。生命在于运动,运动可以促进精气畅通,使气血畅达,增强生命力,所以古代养生家主张通过各种身体活动,如导引、习武等来达到"一身动则一身强"的目的。总之,心神极欲静,形体极欲动,只有动静有常,才能心身健康。在中华传统体育健身中,无论是主动还是主静都不是绝对的,而是静中有动、动中有静、动静适宜,才能有利于身心健康。

四、性命双修观

人的肉体生命与精神的关系问题,是中国古代哲学和传统健身领域重要的研究命题。唐代以前多主张"形神共养",唐宋以后多主张"性命双修"。

所谓"形神共养",即不仅要注意形体的养护,还要注意精神的调摄,使形体健康、精神充足都能均衡发展。"形神共养"是在"形神统一"观的指导下产生的,它建立在对人体客观性和价值意义的肯定之上。"性"一般指人的心性、神、意识,"命"则指人的生命、形体等。所谓"性命双修",就是在养生实践中重视精神与形体的共同炼养和发展,并相互作用。

五、重人贵生思想

重人贵生思想,即主张以积极进取的态度对待生命与自然规律的关系,并在中华传统体育健身思想发展中产生了极为重要的影响和作用,奠定了中华传统体育健身文化的基本哲学根据和认识基础。

中国古代"贵人重生"思想是指天地万物中人为贵,而人则以生为贵。这里的"生"是指人的个体生命的存在,这种贵生观直接有力地推动了传统体育健身文化的发展。贵生观属于中华传统体育健身思想中基本的认识范畴。在一定程度上,这种观念很早就已渗透在中华传统文化心理结构之中,成为中国文化意识的内在组成成分。贵生观为中华传统体育健身文化的繁衍提供了必要的土壤和条件,使中国文化趋向于在理性规范下追求养生健身的价值。

建立在"贵人重生"基础之上的认识,更重要的意义体现在"我命在我,不在天"这一划时代的养生观念之中,它充分反映出中国传统养生学积极主动的思想。对于人的行为对寿夭的作用主要取决于人的后天行为这一观点,可以说是中华传统体育健身思想中有价值的观点之一。因此,重视生命、积极进取、反宿命论等态度和观点为中华传统体育健身文化的发展奠定了坚实的思想基础。

六、内倾与反观思想

传统的身心炼养长寿术实质上是一种内向型文化,它充分体现了中华传统文化内倾性思维趋向的特点。这种反观自心、注重内在体验、强调发展人的内脏器官的功能,即由"内壮"而达"外壮"的独特养生方式构成了中国传统养生学的独特思维特点。反观自心与思维趋向,反映出古代中国人注重向内反照自心,于沉思之中体察真谛,于静默之中了悟人生,以体验内心世界的精微与广大,来感知外在世界的本质。强调道德的自我约束和心理修炼,也是中国传统养生术的一个显著特点,其实质反映出内倾性的思维趋向特点。它使人在内心深处感觉到自己是自然和社会的一个有机体,根植于理解和感悟人与自然、人与社会之间的联系。

这种健身模式主要建立在高度自足、自我、自律的基础和原则之上,通过一系列特殊的操作手段来实现个体自我的内在生命和潜能的开发与完善。

第三节　中华传统体育健身的特征与方法

一、中华传统体育健身的特征

(一)思想观点的特征

1.讲求性命双修、神形俱养

中国古代哲学认为精神同肉体根本就不能分离,人的生命是精神同肉体的统一,"神即形也,形即神也"。两者是合二为一的辩证统一关系,这是中华传统体育健身文化的独特之处。

古人云:"欲全其形,先在理神。"中国传统体育健身在神形、身心的协调发展中注意利用一些特殊的运动方式来锻炼,注重调解人的神经系统的机能,这样才有利于生命功能的整体优化。

中华传统体育健身把神经系统的功能锻炼置于重要位置。"神形俱养"就是注意生命机体的整体异化,要求人体的系统、器官在人的生命历程中都处于相互协调的状态,尤其是人的生命功能的两大构成要素——物质和精神的协调发展。

人的一切行为、活动全由意识主导,延年益寿是一个长期、复杂的过程,若无正确的意识主导,不善处理各种复杂关系,长寿必难实现且人的心理精神状态,喜怒情绪直接影响神经内分泌系统的活动,也直接影响作为人的生命基础的细胞的生命活动。

2. 植物神经和运动神经的协调发展

现代科学已证明,控制人体细胞生命活动过程的生理机制在于脑垂体和肾上腺等腺体分泌的激素的作用,而激素的作用又同植物神经的功能直接联系,中华传统体育健身特别创造出一套导引、自我按摩等进行植物神经功能锻炼的运动方法。因此,对植物神经进行锻炼,有利于生命技能的整体优化。

主导人的意识、信息、运动等功能的神经系统部分,是有赖于各感官接收信息,并经大脑对信息进行处理后以指挥人体运动器官应答的神经机制,它是人类在后天的生活实践中随着认识的发展而发展的,实际就是躯体运动神经及其功能。

中华传统体育健身文化认为"养生"更重要。"养内"就是使五脏六腑都要得到合理适当的运动与锻炼,因而西方的体育注重运动系统功能的锻炼与训练,所有运动方式都在于增进和提高人体的运动能力和技术的进步,追求"更高、更快、更强"的目标。

(二)方法学方面的特征

1. 讲求性命双修、神形俱养

所谓静动是指神经系统特别是信息、意识功能的自我调节、整合运动,以对大脑的训练、锻炼为主;所谓内动是指人体在空间不发生水平位移的自我肌肉收缩运动,以对植物神经的训练与锻炼为主。两种运动方式相互结合,相互作用。静动的主要运动方式是调息人静,把呼吸调节为纳唯绵绵,吐唯纫细,使大脑对已接收的信息进行清理,消除积累,以保证信息机制的灵活运作。

然而,"内动"强调植物神经及其调控的脏器的功能锻炼,这是锻炼植物神经的重要方法,它在调息中运用腹肌收缩,形成腹式呼吸,进而带动个体脊柱运动。第一,促进体液循环,强化消化、吸收、生殖等功能,推动腹腔内的脏器进行内外摩擦,相互刺激,增强脏器活力。第二,脏器的蠕动刺激肾上腺皮质等腺体,激活各个腺体分泌激素的机能,不断对体内各种细胞的状态和活力等进行监督、调整,进而保证生命体的内部协调。

"静动"与"内动"相结合的方式,不大显现于空间,也无外部信息或者刺激的诱发,它完全产生于自我的信念,在体内进行肌肉收缩运动,但同样能很好地促进心血管系统的功能改善。也就是说,在静态下进行各部肌肉的收缩运动,本质上便是在意念的主导下的肌肉按照经络通道而进行的收缩运动。

2. 重视肢体外部运动量和度的把控

古人讲的人体运动,一方面是人的自然运动,包括人的各种劳动活动,另一方面还有人工创编的独特运动方式——导引运动。导引是现代医疗体育、健身体操之源。比如马王堆出土的西汉幕葬文物中就有导引图。导引就是模仿动物的动作,针对人体生命发展的需要而编制的动作组合技术,健身效果显著。其价值在于:第一,导引运动的动作组合,通过肢体定式化的运动以消除或减轻人体某个部位的病患,它是今天医疗体育的雏形。第二,导引运动是人类以自我优化生命机能为根本而创造的运动方式,是人类对自身生命活动规律的认识能力及发展的进一步认识。第三,中华传统体育健身中的导引运动是个体自觉进行的自我运动,主张按照个人的生理、心理特点来活动。中华传统体育健身也很重视人体的外部运动,古人认为人体各种形式的运动对促进人的生命体内外物质、能量交换,促进人的血气流转有重要作用。

二、中华传统体育健身的方法

经过历史的检验,我国保留下来了大量有价值的古代传统体育健身理论与方法,中华传统体育健身内容全面,具有广泛的群众基础。中华民族是极富创造力的民族,五千年的历史进程中各种文化的碰撞,丰富多彩的社会生活,这些得天独厚的条件使中华民族对人的生命问题进行了细致入微的思考,将思考的结果付诸实施,发展出一个博大精深的传统体育健身体系,其中最具特色的就是导引健身和武术健身,它们为中华传统体育健身文化的发展作出了重要贡献。所以我们今天看到了包含诸多方面的、丰富多彩的传统体育健身理论与实践方法。

（一）导引

导引这一术语，最早见于先秦典籍《庄子·刻意》中："吹呴呼吸，吐故纳新，熊经鸟伸，为寿而已矣。此道引之士，养形之人，彭祖寿考者之所好也。"《黄帝内经》有言："中央者，其地平以湿，天地所以生万物也众，其民食杂而不劳，故其病多痿厥寒热，其治宜导引按跷……"晋代把导引注释为"导气令和，引体令柔"。唐代王冰对此注释为"导引，谓摇筋骨，动肢节""按为折按皮肉，跷为捷举手足"，认为导引指的就是肢体筋骨的锻炼和按摩。《一切经音义》中提道："凡人自摩自捏，伸缩手足，除劳去烦，名为导引。"明确自我按摩也包括在导引的范围之内。根据古人的解释，导引包含了导气、引体、按跷等内容，虽然各有侧重，解释的内容也有所不同，但都认为其具有伸展肢体、健身强体的作用，是一种对形体和精神的主动性自我调节，实现自我补益、自我增强的锻炼手段和方法。

依据古代文献资料的记载，直到中华人民共和国成立后，导引这一名称才随其普及而广为人知。按词义理解，"导引"偏重肢体的运动，以导体为主，具有舒筋活络的功效。

导引技术动作流派繁多，内容很丰富，根据功法锻炼时的主要特点，按照导引锻炼的"三调"即调身、调息、调心的三要素，基本可分为三大类：身体姿势相对安静状态，不断加强呼吸对自身控制能力的功法，属于静功；练习时以多变的肢体运动形式为特点，调身、调息为主，通过身体姿势变化对呼吸运行影响的功法，属于动功；运动自身按摩、拍击等锻炼方法，达到疏通经络，增进健康的功效，属于保健功。

以每一种主体技术的特点加以区分各种传统体育健身的动静分类，实际上，不少静功中也结合肢体运动和按摩拍击等动作，运用于练习前、练习后，或穿插于不同的练习阶段中，不过仅作为辅助措施而已。明代以前，动功基本上是不结合静功练法的，明代以后，动功开始融入静功的练法，如结合呼吸的锻炼，显著提高了动功技术的锻炼效果，这也是动功技术的基本点。

1. 静功

静功，是指在练功过程中练功者的形体和位置基本保持不动，并结合个人的呼吸调整，以达到锻炼身体内部机能为目的导引锻炼方法。静功练习可以使人体心神宁静、杂念减除、精气充沛，以达健康长寿之效。

练习静功时，一般采取坐、卧、站三种姿势。无论采取哪一种姿势，都要做到全身稳定、内松，避免肢体僵直和松松垮垮。在保持正确身体姿势的前提下，使机体内外最大限度地处于动静状态,神经、内脏、关节、肌肉就能够处在充分放松的最佳状态。

呼吸方式一般采用均匀、细缓、深长的腹式呼吸。可先从自然呼吸锻炼入手,自然呼吸一般是不用意,一切顺其自然,待呼吸达到均匀、细长、缓慢、深长时,逐渐进入腹式呼吸锻炼。腹式呼吸必须在松、静、自然的呼吸基础上进行,不要憋气,不可过于紧张,以徐缓平和为宜。呼吸的调整,可使机体进一步得到放松,达到锻炼、诱发、调整机体全身之效。

练习时要把注意力集中到身体的某些指定部位上或某一事物上,使人的思想、情绪、意识逐渐安静下来,排除杂念,使大脑进入一种宁静、轻松的境界。这能使人体各个器官和组织得到放松而消除疲劳,使气血调和、精力充沛,从而调动人体内在的潜力,发挥自我调节的功能。对姿势和呼吸的调整,都是在呼吸活动支配的作用下进行的。需要注意的是,练习时不可强行操作,以免造成精神上的紧张。

按照对调心和调息锻炼的侧重,静功可以分为以下两类:

(1)以锻炼呼吸为主的静功

这类功法强调以锻炼腹式呼吸为主,其方法主要有:顺腹式呼吸法、逆腹式呼吸法、停闭呼吸法和六字诀吐纳法等。通过呼吸锻炼来调动人体的内气。

(2)以锻炼注意力为主的静功

其主要方法有:以"定点意守"为特点,意守身体某一部位,以此为过渡,使思想逐渐入静,达到"凝神聚气"的效应,以意守体内或体外的意境,按照既定的内容做认真的练习,体外如自然景观、珍奇动物、特定人事等,诱导人进入一种入静、放松的境界,使之引导气在人体内循经络运转,一般多以任、督脉为主线,或沿任、督脉循环,以此锻炼人体内部经气的运行。

2.动功

动功是相对于静功而言的,通过练习者肢体运动的不断变化,意气相随,起到体内气血畅通、舒筋活络的作用。当然,动功着重于"动"的锻炼,其方法一般具有松静自然、柔和均匀、动静相兼等特点。操作方法由肢体运动、呼吸调整和意念运用三个部分组成。根据"流水不腐,户枢不蠹"和"动摇则谷气消,血脉流通,病不得生,譬如户枢终不朽也"的指导思想,人们创造了许多动功健身方法。这些技法动作大致包括了肢体的伸屈、拧转、仰俯等,并按一定的规律、节奏运动起来,达到强筋健骨、提高关节的灵活性和加强全身的气血流通,以及全面增强体质的目的。在呼吸锻炼上,有的动功技术动作强调呼吸和动作的协调配合。一般当动作为开、伸、起、收、蓄时,配以吸气;合、屈、落、放、发时,配以呼气,正所谓"起吸落呼,开吸合呼"。也有的是呼吸顺其自然,不强调注意呼吸。无论采取什么呼吸方式,都应该注意呼吸的自然通畅,不可憋气。锻炼时,既要在思想安静状态下进行,又要动作和意念相结合,全神贯注,思想集中到每个动作上去。对强调呼吸锻炼的动功技术,要掌握好每一次的呼吸,使其恰到好处,有助于动作的开展。动功锻炼可起到"外练筋、骨、皮,内练精、气、神"的特殊作用。按照动功锻炼内练和外练的侧重,又可分为以下两类。

(1)以内练为主的动功

这类功法,强调肢体运动顺其自然,注意思绪的调节和呼吸的锻炼,以便达到疏通经络和增强调整脏腑的功能。锻炼时不仅要显得轻松、柔和、缓慢,精神集中、专心致志,心平气和、呼吸自然,以意为主、力出自然、劲由意生,还要有内在的遒劲。例如,由古代宣导舞发展而成的仿生式导引的五禽戏和八段锦、十二段锦,以及由太极拳衍生的太极导引等功法就具有这些特点,其整体的运动量相对较小,比较适合中老年人、体弱者及慢性病患者练习。

(2)以外练为主的动功

这类传统健身法比较注重肢体运动,活动幅度比较大,有时还伴有发力动作,以加强对肌肉、关节、筋骨的牵拉,同时能有效发展肌肉力量、增强关节的运动灵活性、加强韧带弹性。动作刚柔相济,相互转化,刚中有柔,柔中带刚,不硬不僵,肢体的运动影响到不同部位肌肉的负重力的大小,调节血液循环,使循环血量再次分配,促进机体内部血液运行,改善脏腑机能活动。外静内动,是要保持松静状态,以利气血畅行,要根据动作调整呼吸,使两者自然协调配合。有些技术动作要求发力,一般在蓄气时需要吸气,发力时需要呼气,以便达到以气助力、气力相合、力贯四肢的效果。像以锻炼筋骨肌肉、强身壮力为主的易筋经,以及从一些武术基本功发展演变过来的健身方法就具有这些特点,其运动量相对较大,比较适合青年人和身体较强壮者练习。

(二)按拍功

运用简单的手法,通过自己的双手或器具在体表某些部位或全身进行按摩、拍打,以达到健身养生益寿或减轻某些疾病症状的目的,称为按拍功。它是导引术中的一种辅助功法,主要包括自我按摩法和自我拍击法。按拍功既可用于自身锻炼,也可用于自身治疗,对体弱者和老年人尤为适宜。

1. 自我按摩法

按摩法在古代一般归属于导引,多与其他健身方法结合练习,因此导引按摩往往并称。后来的按摩法,主要多为他人按摩,故逐渐从导引术中分离。列入导引内容的按摩,主要以保健为目的,即自我按摩。常见的练功方法有揉肩、擦胸、揉腹、搓腰、搓尾闾、浴手、浴臂、浴大腿、揉膝等。常用的手法有点、推、拿、揉、捏、按、压、摩等。操作时重点在某一部位上进行,也可全身进行,其顺序一般是头面、躯干、上肢、下肢。

2. 自我拍击法

基本方法就是用手或某种器具有节律地拍打自己身体的某一部位,对机体产生震动刺激,具有消除疲劳、强身健体的作用。这一类手法较为简单,拍击时应根据需要,刚柔相济,要求拍打者腕关节放松,在腕关节屈伸时,前臂协调动作,以增加拍打的弹性,并保持一定的平稳性和技术动作的节奏感,使力量得以渗透,并加强其作用和效果。常用的手法有拍、叩、弹、击、啄等。自我拍击的范围可重点在某一部位或全身,也有一定的顺序。但必须顺打而下,依次而行,不能颠倒错乱。对于拍击方法也有"不必太重,先轻后重,适宜为度,切勿勉强"的要求。

(三)武术

中国武术讲究形神合一、内外兼修。内养性情,外练筋骨,手足矫健,历来被人们视为传统体育健身之道。在中国古代,武术既是一种训练格斗的技能和有效手段,又是一种强筋骨、理脏腑的锻炼方法。特别是许多出现较晚的武术套路,都是在考虑"武"与"健"密切结合的前提下编创出来的。把武术运动用于传统体育健身,在我国有着悠久的历史。

中国武术丰富多彩,流派众多,按照其运动形式和技法特征进行区分,主要有套路运动、功法运动和格斗运动三大类。用于传统体育健身方面的,主要有套路运动和功法运动。

1. 套路运动

武术套路运动显著的特点就是使人体各部分得到全面的发展。因为无论是以踢、打、摔、拿为主的拳术,还是以击、刺、劈、格的器械,每个套路当中都包含着不同的技术动作,既有快速的劈击,又有柔和缓慢的抹划;既有左旋右转,又有前吐后吞;既有腾空高跃,又有贴底穿盘。这些动作都可以从多方面增进身体健康,全面发展身体素质,对力量、速度、耐力、灵敏、柔韧等方面的发展都起到了良好的作用。

练武的外在表现就是可以强身健骨,武术的健身作用主要体现在对人体中枢神经系统和内脏器官的锻炼两个方面,这就是平时所说的精、气、神锻炼。中国古代导引健身术认为,精、气、神是人体生命活动的原动力与物质基础,是生命存在的方式,犹如自然界的运动变化离不开太阳、月亮和星星一样,故有"天有三宝日月星,人有三宝精气神"之说。"精"是构成人体的物质基础,是人体各种营养物质的统称,精充盈,生命力强,外邪的抵御能力亦强;"神"是指人的思想意识活动,是内在的脏腑之气在外的表现,但反过来其又能支配精气的活动。精、气、神三位一体,互相促进,互相关联,其中精是基本,气是动力,神是主导,精充气足是健康长寿的有力保证。

武术套路作为一种健身手段,与中国古代的导引健身有着密切的关系。中国导引术讲究"吐故纳新",武术套路同样要求"调息运气"。例如,长拳演练时,根据姿势的变化,可选择"提、聚、托、沉"的呼吸方法;太极拳也有"气沉丹田"的要求;形意拳练习时则要求"心与意合、意与气和、气与力合""以气催力"。这些都说明呼吸与动作的结合,不仅能够使动作完成更加合理、科学,而且增强了对内脏器官的锻炼。从武术锻炼的角度来看,静是本体,动是作用。心静才能神凝,神凝才能养气生精、练精化气,而后才能"气贯四肢"。练拳时,举手投足间都要求全神贯注,劲力凝聚,意率气、气随形,才算合乎要求。练习时,三者合一,此时便能意到气到、气到力到、内外合一。这种练习状态提高了人体对外界环境变化的适应能力,起到强身健体、益寿延年的作用。

套路运动根据形式和风格特点,可以分成以下四类:

(1)拳术

拳术是徒手练习的套路运动。主要拳种有长拳、太极拳、南拳、形意拳、八卦掌、八极拳、通背拳、少林拳、地趟拳、翻子拳、劈挂拳、戳脚、象形拳等。拳术的基本内容非常丰富,有证可考的拳种就达一百多种,它们具有不同的演练特点。不同拳种的锻炼,对人体的影响是多方面的,它们可以互相补充,使武术的健身作用得到更好的发挥。

(2)器械

武术器械的种类很多,可分为短器械、长器械、软器械、双器械等。短器械主要有刀、剑、铜、匕首等;长器械主要有枪、棍、大刀、朴刀等;双器械主要有双刀、双剑、双枪、双钩等;软器械主要有三节棍、绳镖、九节鞭、流星锤等。

(3)对练

对练是两人或者两人以上按照规定的程序进行攻、防格斗的套路运动。包括器械对练、徒手对练、徒手和器械对练。

(4)集体操练

集体操练就是集体进行的徒手、器械或者徒手与器械的演练,可变换队形,可用音乐伴奏,要求队形整齐、技术动作协调一致。

2. 功法运动

武术功法运动是为了掌握和提高武术套路与格斗技术,培育武技所需的人体潜能,提高身体某一运动素质或锻炼某一特殊技能创编而成的专门练习,具有健身、护身、增强技击能力等作用。主要特点是以个人单独练习为主要锻炼形式,练习方法简便易学,练习中可以反复交替,练习难度循序递增,锻炼效果逐渐提升。武术功法源远流长,随武术的萌生而兴起,随武术的发展而昌盛,随武术的演进而变化。

（1）柔功

柔功就是用来锻炼和提高身体柔韧素质的基本手段,一直以来受到习武者的高度重视。经常练习柔功可以提高肌肉和韧带的柔韧性与弹性,增强肢体各关节的灵活性与稳定性,发展速度、力量、幅度、协调性和控制能力,起到强身健体、调和气血的功效。随着武术套路技术的发展,无论从技术动作规范性的要求,还是从演练艺术性的表现方面,都需要柔功作为基础。柔功已逐步形成一套由浅入深、较为完整、系统的练习方法,主要有肩臂、腰部、腿部功法,每一功法都有明确的训练目的。

肩臂技术,主要用于提高肩关节韧带的柔韧性,加大肩关节的活动范围,发展肩、臂力量,提高上肢运动的敏捷、舒展、环转等能力。主要的练习方法有压肩、绕环、抡臂等。

腰部技术,主要用于提高腰部的活动幅度,发展腰部力量,提高腰部的柔韧性、协调性、灵活性,是提高身法演练技巧的关键。主要的练习方法有下腰、俯腰、甩腰、涮腰等。

腿部技术,主要用于加大髋关节的活动范围,发展腿部的柔韧性、灵活性和力量等素质,提高下肢伸屈、跳跃、弹踢等能力。主要的练习方法有压腿、扳腿、劈腿和踢腿等。

（2）内功

内功是以联系呼吸为基本形式,通过以气助势、以气助力、以气养生的修炼,达到内外兼修、外壮内强、增强武术功力、发展武术技能的目的。武术内功是武术技法历史发展的产物,伴随着攻防技术的产生、发展而逐步完善。按照内功在武术健身作用中的表现形式,还可以分为外壮类内功和内养类内功两类。这两类内功虽然在意念运用、效果表现和练习形式上有所不同,但是经过持之以恒的锻炼,都可以达到强身健体的目的。

外壮类内功是一种采用以气运身、以身催力为基本锻炼手段的练习形式,是为了提高身体的运动素质,如力量、速度、耐力、反应等,达到气与力合、内外合一、劲力齐整的目的。外壮类内功的练习形式亦动亦静,不管何种形式,都要注意呼吸与劲力的配合。少林强壮功就是典型的外壮类内功。

内养类内功的练习目的是培本筑基、强身健体。练功形式一般分为动式和静式两种,不管采用哪种形式,都强调精神与肢体的放松、注意力的专注、呼吸的均匀细长,并以此调理脏腑、增强体质。太极桩功、太极拳等都是深受老百姓喜爱的武术内养类内功。

第四节　中华传统体育健身的特点和功效

一、中华传统体育健身的特点

传统体育健身可以通过调养精神和形体来增强体质,保持健康,达到延年益寿的目的。人的健康状况,疾病的发生与否,取决于人体正气的盛衰。传统体育健身是通过姿势的调整、呼吸的锻炼、心理的修养来疏通经络、协调脏腑,起到锻炼、培育身体的作用,达到抵御外邪、强身健体的目的。

《黄帝内经·素问·上古天真论》曰:"恬淡虚无,真气从之,精神内守,病安从来。"人的致病因素,即七情——喜、怒、忧、思、悲、恐、惊。这七情在一般情况下,大多数属于生理活动的范围,并不足以致病。但是,如果处于长期的精神刺激,或突然遭受到剧烈的精神创伤,一旦超过生理活动所能调节的范围,就容易引起体内功能失调而发生疾病。传统体育健身锻炼时,强调平衡呼吸、安静大脑、放松机体,它可作用于中枢神经及植物神经系统,缓冲对大脑的刺激,降低应急性反应,从而维持人体内环境的相对稳定性,起到强身健体、预防疾病的作用。

传统体育健身是一种自我身心锻炼的运动,它依靠自身锻炼,掌握一定的方法和要领,逐渐获得效果,从而锻炼身体,增进健康。欲得其效,就要求练习者树立信心,勤学苦练,发挥个人的主观能动性,持之以恒。锻炼一定要符合人类健身的客观规律,选择合适的健身方法,认真领悟练功要领,由简到繁、勤学苦练,不能急于求成,因为锻炼需要有一个过程,技术的掌握是不断积累起来的,达到了一定的程度,才能对机体起到健身调理的作用。

整体观也适用于传统体育健身,人们必须善于掌握自然界的变化,顺从天地之和,只有这样,才能较好地进行肢体的锻炼,达到强身健体、延年益寿的目的。

宇宙是一整体,人体五脏也是一整体。人类生活在宇宙之中,与天地相应,人的生命活动,以及生理变化与大自然的运动联系在一起,大自然的运动变化规律也常常直接影响着人体,而人体受自然界的影响也必然相应地引起生理或病理上的反应。

传统体育健身项目练习要求的松弛机体、宁静思想、调整气息,都是整体锻炼的方法。锻炼可使睡眠改善、食欲增加、精力充沛、正气旺盛。传统体育健身的作用不仅强调发展身体某部分机能,还通过调身、调息、调心的综合锻炼,达到调整中枢神经系统,增强机体的抵抗能力和适应能力,改善整个机体的功能。不少练习者就是在身体内部力量逐渐充实的基础上,增强了体质,提高了健康水平,实现健康新状态。

传统体育健身需要内外合一,简单说就是外在技术运动与内在心里的良好结合。所谓"内",指的是内在的情志活动和气息运动;所谓"外",指的是手、眼、身、法、步等外在的形体活动。在练习静止性动作时,一般采用坐、卧、站等安静的姿态,结合精力的集中与各种呼吸方法配合进行锻炼,姿势、呼吸各个方面不可分割。

比如,武术虽然刚柔有别,内容丰富,但都十分注重内外结合、形神兼备的练习方法。再比如长拳,要求动作灵活、快速有力、姿势舒展、节奏十分明显、动作活动幅度较大,强调形随心动,要体现攻防含义的真实性意图,并根据架势的变化,达到"心与意合,气与力合",但太极拳的动作就很圆活,处处带有弧形的运动形式,运动连绵不断,前后互相贯穿,意识引导动作、呼吸均匀深长。这些练习方法,对外能利关节、强身健体,使身心得到整体的全面发展,实现严格意义上的内外统一锻炼。传统体育健身不仅锻炼价值高,而且内容丰富、技术动作形式多样,不同的功法都有着不同的技术要求、动作风格和技术特点,不受练习对象年龄、性别、体质、环境等条件的限制,练习人员可以根据自己的需要和条件,选择合适的项目来进行锻炼,更有利于传统体育健身的普及和开展。

传统体育健身中的"动",要求达到"动中有静",即注意力集中,并根据动作变化,配以适当的呼吸方法,达到形、意、气的统一。由肢体运动、呼吸锻炼、身心运用三个部分构成统一的整体,肢体运动表现于外,具有广泛的适应性。通过练习提高了机体的防病能力,增强了体质,增进了锻炼人员的整体健康。

二、中华传统体育健身的功效

人体的健康状况跟精力是否充沛有一定的关联性,如锻炼得以调整,从而脏腑协调、身心健康;当先天不足或者后天因素损伤,就容易导致一系列影响健康的问题。传统体育健身的锻炼,非常重视培补人体,通过一定的呼吸锻炼,可有助于激发与推动脏腑进行正常有效的生理活动,这对维持机体健康具有重要意义。

中华传统体育健身项目中,几乎所有的动作都以腰为主宰,腰部命门是主要锻炼之处,脏腑功能状态的正常与否,决定着人体的健康状态,脏腑失调是人体失去健康的原因之一。为人体脏腑乃至四肢的正常活动提供物质基础,这就是传统体育健身何以能全面增强体质的道理。传统体育健身基础理论离不开生理学基础,因为人体经络遍布全身,经络是人体气血运行的通道,是联络五脏六腑的生理结构。经络有广泛而重要的生理作用。练习时,意识中注意的技术动作部位,可以通过肢体活动或按摩拍打,加强身体机理的调整,实现健身的目的。血液是人体的重要组成部分,是维持人体生命活动不可或缺的营养物质。血具有营养和滋润等作用,通过锻炼,加强血的营养和滋润作用,使机体组织得以修复或恢复至良好的状态。

因此,坚持进行传统体育健身项目的锻炼,有助于人体的健康状态得以平衡,机体的健康水平得以提升,从而达到强身健体、延年益寿的目的。

第五节　中华传统体育健身的发展历程

一、近代传统体育健身的发展

鸦片战争以后,社会的政治制度、结构、生产方式等都受到了冲击与挑战,不同思潮的激烈交锋,"土、洋体育之争"等,都影响到传统健身文化的发展,使之处于滞后发展阶段。

在近代文化思潮的影响下,仍有一些专业人士致力于传统体育健身项目的研究,并出版了一些传统体育健身方面的书籍,其中以蒋维乔的《因是子静坐法》流传较广,影响较大。此外,太极拳方面有李亦畬的《太极拳谱》、陈鑫的《陈氏太极拳图说》。同时唐豪等人还对太极拳源流进行了考证,发表了《少林武当考》《王宗岳太极拳经研究》等。

近代以后,以太极拳、导引为代表的中华传统体育健身项目为了适应社会的需要而发生转型,健身主旨得到进一步加强,并呈现出体育化的发展趋势,推动了传统体育健身项目的发展。

二、传统体育健身在中华人民共和国成立后的发展

中华人民共和国成立后,国家非常重视与关心以导引为核心的传统体育健身项目的发展,把它作为优秀文化遗产加以继承与发扬。

20世纪50年代,国家经济处于恢复与发展时期,中华传统体育健身项目获得初步发展。20世纪60年代中后期,中华传统体育项目遭到排斥,基本处于停滞状态。20世纪70年代中期至80年代中后期,中华传统体育健身项目处于恢复与发展阶段。改革开放以后,传统体育获得前所未有的发展,群众性活动得到普及,参加锻炼者有数千万人。群众性传统体育健身社会团体组织,在组织、引导、普及、学术研究、科研等方面做了许多有益的工作,在挖掘、整理、继承、创新中取得了一些重要成果。1987年以来,中华传统体育健身项目影响较大,传统体育健身项目服务团多次在重大体育比赛中为运动员服务,特别是许多专业科教工作者和业余传统体育项目爱好者,积极探索和研究,运用现代科学技术与方法揭示传统体育健身项目和人体科学的某些奥秘,推动了传统体育健身项目学术水平的提高。

1996年底,河北省石家庄市召开全民健身活动,向全社会推广中华传统体育健身项目。近几年来,中华传统体育健身项目走向了世界,必将在21世纪为人类健康作出新的贡献。随着社会的发展和人们对健康身心的需求,具有良好养生健身、益寿延年功效的中国传统养生体育——导引受到世人的关注,正在逐步走向世界,相关组织多次组团出访美国、日本、加拿大、俄罗斯等国家和地区,推动了中华传统体育健身项目的国际交流。此外,也有不少外国友人来到中国学习太极拳,具有东方特色的中国传统体育项目受到越来越多国家和地区人民的欢迎。

第六节　中华传统体育健身的文化价值

现代社会的发展,突出表现在现代科学技术的发展上。科学技术为人类提供了创造财富和持续发展的能力和手段,对人类的科学世界和方法论产生了重大的影响,把人类的认识水平提高到一个崭新的阶段,引起了现代思维方式的深刻变革,极大地促进了劳动生产率的提高和发展。

从文化发展史来看,人类在每一步进步的创造性活动中,都依靠文化并受其影响,文化的发展既可以给人类带来文明和进步,也可给人类带来野蛮和愚昧;既可以给人

类带来理性的认识,也可给人类带来非理性的认识。人类从野蛮到文明,靠文化的不断进步;从生物的人到社会的人,靠文化的不断教化。人类千差万别的个性、情操、风格、气质,也靠文化的培养。

人们全部生活的意义以及存在价值都离不开文化的发展。所以,在现代社会中,人们不再满足于那种追求比赛胜负的强烈刺激和狂热氛围的竞技运动,还需要多方位、多层面的身心体验和情感活动。人类体育文化娱乐观与健康观的更新,使大众体育健身活动蓬勃兴盛。社会各界对体育的娱乐、健身活动的需求更为迫切,规模不断扩大。方兴未艾的大众体育,正成为人们为提高生活质量而必修的现代生活内容。人们日趋重视身体与精神相统一的健康观念,因而便对重视身心双修的中国传统体育养生文化产生浓厚的兴趣。

由此可见,现代社会中人们对于文化的需求日益迫切,尤其是中国传统体育健身文化,像武术、太极拳、五禽戏、八段锦等民族传统形式的体育运动,历经中国几千年文化的滋润、培养不断发展,其中蕴含着浓郁的民族文化色彩是一种高层次的、民族的、传统的文化现象。在历史上传统的文化内涵激励了一代又一代的人,满足不同社会的需求,对社会的发展起到一定的推动作用。现在传统体育健身中一些伦理、哲学、健身等方面的文化思想,与现代社会中人们对文化的需求高度契合,人们可以从中不断汲取中华传统文化思想的精髓,涵养自我,提升民族自豪感。

第七节　中华传统体育健身与现代科学

一、中华传统体育健身的生理学分析

人体生理学的主要任务就是研究构成人体各个系统的器官、细胞的正常活动过程,特别是各个器官、细胞的功能表现的内部机制,不同细胞、器官、系统之间的相互联系与相互作用,使人们对人体的各个部分的功能活动是如何互相协调、互相制约,以及如何在复杂多变的环境中能维持正常的生命活动过程做到整体认知。传统体育养生的生理学分析就是从人体的各个细胞、器官和系统的形态、功能及其相互联系和相互作用的角度,对传统体育健身的主要特点和锻炼效应进行生理学分析。

（一）松静自然

初学者首先要练习桩功,如太极拳的无极桩、形意拳的三体桩、导引的三圆桩,目的是提高练习者的放松能力,为追求松静自然打好"桩功"基础。放松入静的过程是不断加深的,初学者从开始入静到入静程度较深所需的时间较长,练习一段时间以后,这个过程时间就会缩短。自己诱导全身各部位逐渐松开,对身体姿势进行调节,使大肌肉群放松,骨骼和关节等处于相互适宜的位置。例如,太极拳中的"节节松开"就是要有意识地诱导全身的骨骼和关节渐次由上而下、由下而上松开。在肢体不断改变关节的相对位置的同时,形成特有的"弓"形结构,整个身体如一张"弓"。

实验证明,脑电波在入静时,节律增加,同时各区域趋向同步化和有序化的定向变化明显。随着身体的逐步放松,在大脑皮质的控制之下,身体各系统的机能就会出现相应的协调性变化。例如,血压下降,血管扩张,心率减慢,毛细血管通透性加强,呼吸均匀、柔和、深长、缓慢,运动神经传导速度加快,同时,内分泌和免疫系统就会出现一系列相应的变化,这些变化使全身各部位的机能活动协调统一起来。身体某一部位的放松程度和信息,首先要通过传入通路传至人体的大脑皮质运动感觉区内,经过不断分析和加工,然后发出下行冲动指示,对这一具体部位进行放松式调节。通过包括皮质、小脑在内的反馈联系通路,进而不断改进和完善,加深放松的程度。这种过程是连续的变换位置的连环反馈调节过程,重复的次数越多,其调节通路越通畅,所用的时间就会越短。放松性练习是调节大脑感觉运动区整合功能的一个良好训练。

（二）调神炼意

调神炼意一是指人体的思维活动对机体运动模式和内脏功能的整体调控,包括大脑皮质、皮质下中枢以及外周神经各级水平对身体的调控;二是指对心理状态的调节。调神炼意就是不断提升大脑的感觉机能水平。进行注意力练习时,局部的小血管活动、神经末梢的功能状态、局部代谢产物、腺体活动的情况等信息,通过内脏感觉传入通路,传至大脑的相应感觉区。注意力练习中在图像、颜色、词语、某些动作的诱导下,大脑强化、扩大了传入信息的量,通过正反馈机制发出指令,加强练习局部的活动,使局部血流加快、温度升高、汗腺活动增加、感觉敏锐等。在注意力练习中,平常不随意的内脏活动可以被其影响,注意力训练是对内脏系统一种积极、主动的训练。

在很早的时候人们就已经注意到心理活动引起生理变化或诱发疾病的问题。类似于人在羞惭的时候脸色变红、情绪紧张的时候四肢冰冷和脸变灰白一样。关于心理因素和健康的关系,历史文献中有着丰富的记载,如《内经》上说:"心者,五脏六腑之大主也。……故悲哀忧愁则心动,心动则五脏六腑皆摇。"《医学入门》云:"内伤七情,暴喜动心,不能主血。暴怒伤肝,积忧伤肺,过思伤脾,失志伤肾,皆能动血。"这些都是说精神或心理主宰着五脏六腑,情绪剧变可引起人体内脏功能失调。传统体育健身重视心理的调节,强调"少思寡欲",追求人与人、人与自然的和谐发展和整体提升,从而达到心理的平衡状态,对生理产生良好的影响。

(三)呼吸锻炼

中华传统体育健身非常重视呼吸的锻炼,有意识地控制呼吸的方法有很多,例如,顺和逆腹式呼吸、鼻吸口呼、闭气呼吸法等。这些方法是通过调整注意力和呼吸的节律,以达到适应身体内部状态和外部活动的需要。深长呼吸能摄取更多的氧气,满足机体的需氧量,提高组织摄取血氧的能力。但是,腹式呼吸与胸式呼吸不同,腹部的起伏很大,对腹部的内脏起到按摩作用,同时激发了腹部的内分泌腺的机能提升,经过锻炼,对机体内环境的平衡调节很有好处。肺也具有内分泌功能,因此,特殊的呼吸练习对肺的刺激也比自然呼吸效果要好。通过动物实验发现,抑制呼吸运动初期,微血管代偿性扩张出现,流速也不同程度的加快。闭气法的练习,在控制呼吸 30 秒钟时,脑血流图波幅平均增加 10%,如果继续闭气,脑电流图波幅开始变小,闭气时间过长,血氧分压过低,脑循环就会受到抑制。由此可见,短暂的停闭呼吸的训练,能够促进脑部的血液循环,调节大脑血流量,进而提高机体的耐力水平。

同时,调整呼吸可以影响自主神经机能,吸气时能扩散到交感神经系统,呼气时中枢兴奋能广泛扩散到副交感神经系统。传统体育健身讲求动作、注意力和呼吸的和谐配合,呼吸与动作能够自然合拍而成为一体,即所谓的意、气、力合一状态。呼吸与力相合,呼则力沉,吸则力轻;呼吸与注意力相合,呼则意识随之贯注,吸则意识转为灵活。肢体在运动过程中会出现静态的呼吸,即慢、匀、深长,也可在松静状态中突然呼气而发力。这一阶段的特点是呼吸、注意力、动作三者皆可以灵活转换,也可以互相依托、相互促进,使人体内外成为一个高效率、高质量运动的完整体系。在有意识地调节呼吸以及与动作配合的过程中,呼吸肌放松与紧张的程度、膈肌上下起伏的幅度信息传达到各级呼吸中枢,躯体运动情况的信息传到大脑的运动感觉区,心血管功能状态的信息同时传到心血管中枢。大脑对这些信息进行分析,并有意识地对目标进行对比,经过信息加工、处理,使呼吸的形式、节奏、深浅与动作的起止、节奏、力量的运用等逐渐协调一致。经过反复的练习,大脑的呼吸中枢、感觉运动区、心血管中枢之间的机能联系就会变得越来越协调,联系的通路越来越顺畅,最终达到协调统一。

二、中华传统体育健身的生理效应

从系统科学的角度来分析,人体内存在着一个以神经系统、内分泌系统、免疫系统、呼吸循环系统等为核心的多形态、多层次、多信息、多结构、多功能、多系统的立体调控系统,这个立体调控系统是保证人体健康的"内因";人生活的自然环境和社会环境,包括各种体育健身活动都是"外因"。内因是事物发展的根本,外因是事物发展的外部条件,外因通过内因起作用。中华传统体育健身的生理学分析的任务是研究传统体育健身作为外在影响因素是如何通过人体各细胞、器官和系统之间的生理学因素产生强身健体的作用的。

(一)中华传统体育健身对神经系统的作用

在生理学角度,人体就是一个极为复杂的有机体,体内各器官、系统的功能各异,但在统一的神经系统的直接或间接调节与控制下又相互联系、相互制约、相互协调、相互配合,共同完成统一的整体生理功能。神经系统还能对体内外的各种环境变化做出迅速而完善的适应性调节,从而维持体内各器官、系统功能的正常进行。当然,人体内环境的稳态和对外环境的良好适应在很大程度上依赖神经系统的调节。传统体育健身讲求"调神炼意",重视对神经系统和思维意识的锻炼,能够对神经系统产生良好的锻炼效应。

中枢神经系统和周围神经系统组成了人体的神经系统。中枢神经系统包括位于颅腔内的脑和位于椎管内的脊髓;位于颅腔和椎管以外的神经组织就是周围神经组织,周围神经又分为躯体神经和自主神经。

现代生理学研究表明,传统体育锻炼能够改善大脑和中枢神经系统的营养供给,消除因用脑过度而引起的大脑疲劳,有效提高神经系统的机能,使脑细胞的生理活动出现较好的同步和有序的定向变化,促进大脑皮质活动的有序化,同时使神经过程的兴奋性与抑制性更加均衡,不断改善脑功能与神经系统的协调调整能力。人体的各种运动,都是在神经系统的控制下进行的,神经系统对肢体的各种姿势和随意运动的调节都是复杂的反射活动。反射就是在神经系统的参与下,机体对内外环境变化所做出的有规律性的应答。外界事物和机体内环境变化产生各种各样的刺激,这些刺激是由感受器或感觉器官感受,然后将各种不同刺激形式的能量转换为感觉传入神经的动作电位,并通过各自的神经通路传向大脑皮质的不同感觉代表区,感觉代表区神经元间的广泛联系会发生较快的改变,称为感觉皮质的可塑性,这种可塑性也同样发生在大脑的运动皮质。传统体育健身的各种姿势调节、呼吸与动作配合,以及注重意识对身体运动感觉的"用意不用力"等锻炼方法和特点,使人体运动更加协调、灵敏、稳定和准确,从而有效提高了神经系统的机能。另外,实验还表明,对正常人体进行局部血流测定时,可以观察到足部、手指运动时,大脑皮质相应的代表区血流在增加。所以,传统体育健身能够改善大脑和中枢的能量供给,促进大脑疲劳的消除。

自主神经系统的功能是调节内脏活动,所以称"内脏神经系统"。事实上,自主神经系统主要包括传入神经和传出神经,但习惯上仅指支配内脏器官的传出神经,并将其分为交感神经、副交感神经两部分。内脏神经系统在维持机体的生理活动中起着重要作用,但是正常时交感神经和副交感神经维持动态平衡。研究表明,神经性调节作用主要通过交感神经活动相对减弱,同时副交感神经活动相对增强来实现。传统体育健身具有调节植物神经,由不平衡状态转变为平衡状态的作用,使植物神经系统的活动状态呈现老年化向年轻化转变。实验证明,传统体育健身中各种功法的呼吸锻炼对植物神经的功能有一定的影响。当呼吸频率变慢时,特别是呼长吸短时,副交感神经兴奋占优势,表现出心率减慢、血压下降和肠蠕动增加增强等现象。当吸长呼短时,交感神经兴奋占优势,表现为心率加快、血压升高和肠蠕动减少减弱等现象。可见,随着呼吸频率及呼吸活动形式的变化,机体植物神经功能状态也有所不同。

(二)中华传统体育健身对呼吸系统的作用

呼吸,就是机体与外界环境之间的气体交换过程。通过呼吸,机体从大气中摄取新陈代谢所需的氧,排出所产生的二氧化碳。呼吸是维持人体新陈代谢和其他功能活动所必需的基本生理过程之一,一旦呼吸停止,生命也就终止了。

传统体育健身重视呼吸的锻炼,动作的开合升降与呼吸相配合,多采用"深、匀、细、长"的呼吸方式。第一,这种深长的用力呼吸使更多的呼气肌参与收缩,同时收缩加强,而且吸气肌也主动参与收缩,使呼吸肌得到更加有效的锻炼。第二,这种匀、细的呼吸,使注意力集中在呼吸运动上,呼吸时各种感觉冲动就会传到神经中枢,又受到神经中枢的随时反馈,形成闭合的传入和传出环路,从而使呼吸调节系统得到有效的锻炼。上海体育学院课题组在2004年对参加五禽戏功法锻炼6个月的67名受试者进行呼吸气的测试。结果显示,受试者通过练习,肺活量明显增大,安静状态的呼吸频率减慢,肺通气量下降,氧利用系数明显升高,呼出气中二氧化碳百分含量升高。这说明深慢呼吸的确明显降低了呼吸道解剖无效腔的相对比例,同时有效提高了肺泡与肺泡周围毛细血管血液之间的气体交换效率,这对于提高中老年人肺通气和肺换气能力有着明显作用,也有力说明了中华传统体育健身的效果很好。

学者刘洪广在1993年曾经利用现场遥测发现,练习者在练太极拳时呼吸的节律和强度呈现"低频、高深度、持续稳定"的形式,并且伴有吸短呼长、吸轻呼重的特点。在运动负荷增加的同时,依靠增强呼吸深度、减慢呼吸频率和提高摄氧量来保证机体需氧量。特别是随着负荷强度的逐渐增大,呼吸频率反而下降,这是太极拳不同于其他锻炼项目的一个显著特征,说明太极拳运动确实提高了呼吸系统的工作效率。太极拳细、柔、缓深的呼吸方式与胸廓的开、合、提等动作相结合,加大了胸廓活动的幅度,发展了呼吸肌,提高了肺组织的弹性,肺通气和换气的功能得到了改善,因而提高了气体交换的效率。

中华传统体育健身能有效改善呼吸机能。长期的传统体育健身使呼吸肌的收缩能量增强,胸廓运动幅度不断加大,膈肌的收缩与放松能力提高,肺活量增大,造成人体在安静状态下的呼吸频率减慢,肺通气量下降,提高了肺通气和肺换气能力。呼吸中枢的神经调节能力得到改善,就会出现呼吸用力省、效率高的"节省化"现象。

(三)中华传统体育健身对血液循环系统的作用

机体的血液循环系统由心脏和血管组成。血液循环是高等动物机体生存的重要条件之一。传统体育健身动作缓慢柔和,注重全身各部位的运动是一种中小强度的有氧运动。运动生理学普遍认为,经常进行体育锻炼,可促使人体心血管系统的形态、机能和调节能力不断产生良好的适应性,从而提高人体的工作能力。在进行传统体育健身锻炼时,各组织器官代谢能力不断增强,耗氧量减少,心血管系统功能也相应加强,心排出量增加,以满足肌肉活动时对氧的需求量。心排出量的增加,一方面使全身各组织器官血流量增多,血流量的增加并不是平均分配,而是根据不同器官的需要而进行分配;另一方面,心脏本身和参加运动肌肉的血流量也会明显增加,不参加运动的肌肉以及内脏器官血流量就会减少,这些变化和适应都是在神经和体液调节下产生的良好适应性结果。

传统体育健身通过躯体的开、合、屈、伸对心脏产生按摩挤压的作用,经常参加运动不仅能使人的心脏功能增强,同时也能提高心血管活动的调节功能,不断提升心血管系统对运动负荷的适应能力。

张林的研究发现,太极拳锻炼能改善老年人的心血管机能,对运动负荷有良好的适应性。同时,相关实验数据显示,通过练习太极拳,练习者的心率、每分钟输出量、心脏指数等均明显增加,收缩压与血管弹性扩张系数、微循环半更新时间和微循环平均滞留时间缩短。研究结果说明,习练太极拳的人练拳时心脏工作效率提高了,心脏、血管、微循环的机能处于有利适应机能代谢需要的状态,提高了心血管机能水平,减轻了心脏的生理负荷。

另外,上海体育学院五禽戏课题组在2004年的研究也表明,传统体育项目——五禽戏锻炼对提高中老年人心血管系统的健康水平具有良好的作用。经过长期的、系统的体育锻炼,心电图的异常变化减少,心脏功能提高。锻炼之后,中枢神经和植物神经的机能平衡,精神紧张消除、心脏负担减轻、血管的紧张度降低、血液循环通畅、心肌舒张间期心脏的应激能力与适应能力增强。

(四)中华传统体育健身对身体素质的作用

从运动训练学的角度研究,身体素质主要包括速度、力量、耐力、平衡、柔韧和灵敏等方面。传统体育健身以身体姿势的调整、呼吸的锻炼、心理的调节相结合为主要特征,与其他体育健身项目一样,能够有效提高练习者的身体素质。

在练习传统体育健身项目时,全身的肌肉、关节、骨骼、韧带等都要充分调动起来,这就增强了肌肉的弹性、伸展性,增加了肌肉力量,使肌肉放松能力增强,筋膜拉长,同时,关节活动的幅度加大,提高了力量素质和柔韧素质。

(五)中华传统体育健身对消化吸收系统的作用

消化和吸收是两个相辅相成、紧密联系的过程,其主要功能是为机体新陈代谢提供物质和能量来源。消化系统主要包括食管、胃、肠、肝、胆、胰等器官。从生理学角度讲,只要有心理活动就会有生理反应,近年来的大量心身医学实验研究和临床观察的结果,证实了导致消化系统疾病的诸多病因中社会心理因素是重要因素。传统体育健身中"恬淡虚无、少思寡欲"的"调神炼意"方法,使得心理趋向平衡,避免心理失衡给人带来的不良后果。再者,进行传统体育健身锻炼时注重脊柱的开合、俯仰,对内脏器官起到按摩挤压作用,使消化器官的血液循环得到改善,消化管的蠕动加强,消化腺的分泌机能提高。此外,腹式呼吸使横膈膜运动幅度的增加和腹肌运动的加大,对腹部脏器起到一定的按摩作用,因而对胃部的运动、血液和淋巴的循环等有良好的作用,有助于消化呼吸的改善。因此,传统体育健身能直接或间接对消化吸收系统起到一定的作用,能够产生良好的健身效果。

（六）中华传统体育健身对内分泌、免疫系统的作用

"稳态"是生理学中一个十分重要的概念，内环境的各项物理、化学因素是保持相对稳定的，称为"内环境的稳态"。内环境的稳态是细胞、器官维护正常生存和活动的必要条件之一。人体内外环境不停地发生着变化，这种机体适应各种变化的过程称为"生理功能的调节"。内分泌系统和免疫系统是重要的维持、恢复内环境的调节系统。现代科学研究表明，适宜的体育锻炼可以调节内分泌腺的功能，促进人体新陈代谢和正常的生长发育，提高免疫系统，特别是非特异性免疫系统的功能。

传统体育健身是一种自我身心锻炼的方法，可对身体姿势、呼吸、意识和心理进行整体的调节，达到"形、神、意、气"的统一。实际上"内外兼修、形神兼备"的锻炼是追求人自身内外、人与自然、人与社会的"和谐状态"，这种对"和谐状态"的追求与人体"内稳态"的调节是相统一的。传统体育健身锻炼，无论是静功、太极拳、导引术，还是五禽戏等，其动作柔和、松静自然、动静交替，练习后人们心情畅快，精神振奋，提高了自信心，从而消除了不良情绪对免疫抑制的影响。研究表明，科学的传统体育健身锻炼能够增强免疫细胞活性，提高免疫细胞机能。

三、中华传统体育健身的心理学分析

中华民族是一个有着丰富的传统健身文化的民族，早在先秦时期，人们就开始了对强身健体健身理论和方法的探究，积累了大量的文献资料和宝贵的实践经验。在这些历史文献中，蕴藏着丰富的心理学思想。其思想虽然是朴素的，但不乏意义深远的理论，有些心理学思想对今天来说仍然具有一定意义。

传统体育健身的心理学思想交叉了医学心理学、体育运动心理学和社会心理学三大领域，并形成了自己的特色，不仅有对个性心理过程的认识，也有对个性心理的要求，而且这些思想都是建立在技术动作练习的实践上。下面主要从医学心理学思想、养生心理学思想和运动心理学思想三个方面进行讨论。

（一）医学心理学思想

1.心理卫生思想

世界卫生组织（WHO）针对人类的健康问题，提出了"健康新地平线，从理想到现实"的理念，要求国际卫生工作由传统的以疾病为中心转变到以人为中心、以健康为

中心、以人类发展为中心上来,其核心观念就是维护健康、促进健康发展。何谓"健康"?世界卫生组织指出:"健康不仅是没有疾病,而且是身体上、心理上和社会上的完好状态。"这就是健康的新概念,健康包括身体健康、心理健康和适应能力良好三个方面。其中心理卫生具体指的是以积极的、有效的心理活动,平稳的、正常的情绪状态,对当前和发展着的社会和自然环境具备良好的适应能力。从心理卫生这个定义可以看出,它与心理健康所要求的内容有密切的联系,这是因为讲究心理卫生就是为了促进心理健康。传统体育健身的思维方式与现代科学发展的思维方式是一致的,所有的传统体育健身活动都是围绕"健康"二字进行的。传统体育健身基本思想是强身防病,强调防微杜渐,在整体观念及辩证思想的指导下去把握生命和健康。重视心理因素、社会因素对人体健康所造成的影响,把人类社会和自然环境有机联系在一起,正确认识人类的生命活动,达到强身健体、延年益寿的目的。

"已病防变"就是在传统体育健身理论的指导下,采取相应的健身锻炼措施,达到预防疾病、强身健体的目的。

有关心理卫生的论述就更多了,如《黄帝内经·素问·上古天真论》强调指出,要"志闲而少欲,心安而不惧,形劳而不倦",就是说,不要自负,人贵有自知之明;不做昧心欺人之事,人贵待人以诚。这样心境安定愉快,不会怨天尤人、烦恼不已,更不会惊慌恐惧,这对于心理健康无疑大有裨益。同时养心与养形相结合,动与静相结合,静养心神之时,配合适度的身体活动,可以劳而不倦,心身兼养。可见,传统体育健身中一直非常注重心理卫生和心理健康,它们是身体健康的前提和保障。

2. 生理心理学思想

生理心理学是心理学科学体系中的重要基础理论学科之一,它以心身关系为基本命题研究,阐明各种心理活动的生理机制。先秦医学心理学思想在形神方面,具有一种朴素的唯物主义观点,《黄帝内经》认为,"心"是十二脏器之一,支配一切生理活动和心理活动。书中对心在认识过程中的统帅作用也说得比较清楚,即"所以任物者谓之心,心有所忆谓之意,意之所存谓之志,因志而存变谓之思,因思而远慕谓之虑,因虑而处物谓之智"。其中在《黄帝内经·灵枢·本神》中对"任务"进行了详细的解读,认为"任物"就是载物,这里可以理解为反映事物。当然,反映事物的是心,心有所指是注意,注意后的保存就是记忆,记忆中的取舍变化指的就是思维,思维的深远就是深思熟虑,以深思熟虑来处理事物就是传统意义上的"智能"。诚然,这一环扣一环的认识过程中的各个环节都离不开"心"。

（二）运动心理学思想

1.运动技能形成的心理学思想

技能是人们在活动中运用知识经验并经过练习而具备的完成某种任务的能力。传统体育健身中的运动技能是指通过锻炼来获得正确的姿势形态（调身）和健康的心理状态（调心）的能力，简而言之，就是技术形成的过程，是身心一个完美的体验，促使身体健康。所以，运动技能的形成相当重要，它不仅直接影响动作姿态的正确以及动作质量的高低，更重要的是影响锻炼者对健康的要求，而且其中的心理活动和智力水平是运动技能形成的重要环节。

运动技能的形成是有阶段性的，不同的阶段具有不同的特点，可以把动作技能的形成划分为三个阶段。

（1）动作的认识阶段

在运动技能形成的初期，锻炼者的神经处于泛化阶段，内抑制过程尚未建立起来，注意范围比较狭窄，知觉准确性偏低，无法完全放松下来，意识参与的比较多。

在传统体育健身中，动作的认识阶段注重专心致志，是为进入下一阶段功法的练习奠定良好的心理基础。《卫生要术·十二段锦》中就要求"垂目冥心坐，握固静思神"，意思是盘腿而坐，微闭两目，排除心中杂念，凡坐要竖起脊骨，腰不可软弱，身不可倚靠，握固者，握拳固精，静思者静息思虑，而存神也。在练习开始时，首先强调思静，心静方能专心，专心才有利于守神，守神方能排除杂念做到致志，要求高度集中注意力。此过程也是集中注意的心理训练的方法。

清代李亦畲在《太极拳论》中也曾谈及这些，强调心静："一曰心静，心不静则不专，一举手前后左右全无定向，故要心静。"武禹襄的《太极拳解》中也曾强调"身虽动，心贵静；气须敛，神宜舒。心为令，气为旗；神为主帅，身为驱使。刻刻留心，方有所得。先在心，后在身"。这些都说明要做到"心静而明"，即良好的心理状态是传统体育健身的基础。

传统体育健身在动作的认识阶段，主要是锻炼注意力，意识围绕着基本技术练习，减少不良意识的参与，形成良好的心理状态，为下一步技术动作的练习奠定基础。

（2）动作的练习阶段

在运动训练学理论上，运动技能的形成是靠掌握技术规律和方法来实现的。首先，只有认识了基本规律，把握正确动作的方式，才能形成良好的运动技能。在动作的练习阶段，也正是传统体育的练习阶段，调心贯穿于健身练习的始终，是联系各技术动作的核心。调身和调息都是为调心服务的,而这一阶段的调心是为了凝神、存神。已经排除杂念,意识要主观引导动作的变化,是一种高度的入静,使五脏六腑筋骨得到调养。明末清初王夫之进一步确认,精神建立在"形气"的生理基础之上,"但人生也资地以生,有形乃以载神",《张子正蒙注》认为,"有形乃以载神",即神依赖于形而产生。在动作的练习阶段,"三调"是相互影响、相互作用、相互联系的,但在此过程中,其操作步骤是不同的,调心是联系动作的核心环节。

（3）动作的完善阶段

在技术动作的完善阶段,练习者的动作已在大脑中建立起了巩固的动力定型。机体神经过程的兴奋与抑制更加集中与精确,所掌握的一系列技术动作已经形成了完整的有机整体,各功能都能以连锁的形式表现出来,自动化程度不断扩大,个人意识只对个别动作起调节的作用。此时,练习者的注意范围扩大,主要用于对环境变化信息的加工,对动作的本身注意已经减少。在传统体育健身的动作完善阶段,是达到身心两大系统的完备和统一。到达一个净化自我意识、获得美的享受的过程,铸炼良好心境,激发人的最大潜能,是生理和心理的完美结合。

动作完善阶段的关键是反复练习,运动技能都是在实践中反复、不间断的练习中形成的,只有在技术训练中多次重复练习,才能达到炉火纯青的地步。传统体育健身不仅强调反复练习的作用,而且对反复练习提出了具体的要求,要求"和于术数",即人体做到天人合一,才是真正的练养结合,并对练功的时间、地点、次数都有严格的要求,健康身体以不伤为本。自然界的运动变化无疑会直接或间接影响人体。《黄帝内经》中提出应"提挈天地,把握时令",就是说应该掌握变化的规律,适应自然气候和外界环境的变化,根据这些变化来锻炼身体,才能健康长寿。当动作达到完善阶段,调心不再只是强调消除心中的杂念,集中注意力,而是一种持续的宁静和全神贯注。这里面不仅含有理性与认知的成分,而且更多的是出于意志的行为,健身个体做出平静的稳重的反应,帮助我们用一种平和、坦然、愉快的心态来面对世界。

从传统体育健身的运动技能形成的三个阶段来看,传统体育健身术的锻炼中,调心贯穿功法练习的始终,调身又是练习养生术的第一步,调整正确的姿势形态,有利于围绕着调心服务,传统体育健身术是通过主动的生理调控来促使心理锻炼的过程,在动作技能形成的每一个阶段的要求都存在不一致性。

2. 心理技能训练的心理学思想

心理技能训练就是有目的、有计划地对运动员的心理过程和个性心理特征施加影响的过程,也是采用一定的方法、手段使锻炼者学会调节和控制自己的心理状态,实现调节和控制个体运动行为的过程。

　　传统体育健身在技能形成的过程中,有着丰富的心理学思想,同时也蕴含了相当丰富的心理训练的内容,是锻炼者通过主体意识的作用,使心理状态发生变化、提高锻炼效果的过程。对调心的练习,既有集中注意的心理训练,又有认知的心理训练,同时也是情绪调节的心理训练。如五禽戏模仿五种动物的动作,自然会在主观上意识到活动的姿态和神情,进而把自己的思想和情感带入自然界,"神欢体自轻,意欲凌风翔",这就是最好的心理训练思想,是心理训练与身体练习的紧密结合。传统体育健身的心理训练在于改善心理状态,使其达到最佳的水平,使运动技术和身心得到全面的发展。

　　(1)放松训练

　　放松训练就是以一定的暗示语来集中注意力,调节呼吸,使身体各部位得到充分的放松,从而实现调节中枢神经系统兴奋的目的。目前社会上普遍采用的是美国生理学家雅克布逊(Jacobson)提出的"渐进放松"方法、奥地利精神学家舒尔滋提出的"自身放松"方法和我国传统体育健身中的以"深呼吸"与"集中注意力"为特点的放松训练三种放松方法。

　　放松训练的作用主要有以下几方面:一是降低中枢神经系统的兴奋性;二是降低由情绪紧张而过多的能量消耗,使身心得到适当休息并加速消除疲劳;三是为心理技能训练打下基础。在练习传统体育健身时,基本的要求就是松静自然,这是传统体育健身中放松训练的一个基本练习过程。松静自然,是指在传统体育健身过程中必须做到身心放松,并将其贯穿于技术动作练习的不同阶段、不同层次,要避免引起紧张,排除杂念,保持内心的宁静。

　　首先是松。在现实社会中,人体内外必然会受到各种干扰,经常会使心身处于紧张状态。因此,形体上的放松,是松而不懈。在健身过程中,要求机体全身肌肉和精神意识的放松,不断消除紧张状态,这种消除的过程就是机体放松的过程。在健身过程中,要求身体从头到脚,从上至下,从左到右,由表及里,包括脏腑、神经等全部放松,从而使周身通畅运行。因此,传统体育锻炼要求头正、颈直、胸背自然。精神上的放松,核心是指意念上的放松,是"内松"的表现。从"外松"到"内松"是一个细致的发展阶段,初学者由"外松"开始,逐渐在"外松"的基础上,以实现"内松"为主。具体来说,精神上的放松,要排除杂念,平心静气,集中注意力练习。老子说的"专气致柔",列子说的"常胜之道曰柔",就是要求练习者心情保持平静,不可烦躁或者激动,否则,心不静则精神自然就紧张。形体上的"松"和精神上的"松"是相辅相成的,两者互为依附。形体上的放松有利于精神上的放松,精神上的放松才能更好地使形体放松。如果思想情绪过于紧张,或某一部位肌肉过于紧张,就必然导致大脑皮质与皮质下植物性神经中枢处于兴奋状态,本位感受器和内感受器的传入冲动也不能减少,即应急性反应继续存在。

实验证明,人体在松弛后对氧的消耗量减少,能量代谢率降低,储能反应状态加强,交感和副交感神经的协调能力增大,并且有利于人体功能的调整和修复,达到增进健康的目的。无论是形体上的松或精神上的松,本身都属于一种积极的锻炼,而不是消极的松散无力,是一种紧张解除、松紧平衡的状态。但是这种状态,人与人并不一样,有的或许感觉身体松开,四肢温热,暖气四达;有的或许感觉身躯轻盈;有的或许感觉全身松软,异常舒适。松与紧是一对矛盾的两个方面,锻炼时要做到松而不懈、刚而不僵。

其次就是静。静是指锻炼时保持情绪的安静,排除杂念,思维活动相对单一化,这样会对大脑皮质起到抑制作用,进一步调整和恢复神经系统的功能,从而提高机体各组织、器官的机能。健身时的"入静"一般是由浅入深,最初表现为思维绵绵不断,经过一定的入静锻炼后,就会发现可间断地获得入静状态,并且对外界细微声响的反应很敏锐,有似睡非睡乃至短暂的睡眠现象。中度入静阶段,表现为杂念活动的数量和幅度显著减少,比较容易自我控制。高度入静阶段,表现为思维杂念活动几乎完全停止,但意识十分清醒。静也有内环境的静与外界环境的静两个方面,练习者要正确处理"内静"与"外静"的关系。首先要做到心静,也就是所说的先内静,只有心静,方能内静,方能排除外来干扰。如果意识活动单一,活动的强度尽可能地降到最低点,也就更容易达到放松的目的。松与静密切相关、相互促进,当肌肉和精神最大限度地得到放松,机体才能更好地入静。做到了松静才能到达自然,练习时姿势要做到自然舒适、呼吸自然,不能憋气、不能过于用力。在实际的锻炼中都有一个过程,练习初期存在不自然的现象是正常的,经过一段时间的练习,机体便可逐步达到整体的自然状态。

(2)注意集中训练

注意集中是坚持全神贯注于一个确定的目标,不因其他内、外刺激的干扰而产生分心的能力。传统体育健身中的注意力练习就是一种注意集中的训练,它把注意力集中于身体的某一点、某一部位或者人体外的某一客观物体,以及景色或某些语言、文字等。也就是说,此时大脑皮质只建立意守目标这一兴奋点,从而抑制了皮质的其他区域和部位。

(3)合理的情绪训练

合理的情绪训练,对人的认知活动、情感活动及个性心理品质有严格的要求,以使人保持一种良好的心理状态。这种训练方法强调,认知过程对行为具有决定性的作用,是解决心理问题的基础。我国古代调神养心的基本方法,是调节情绪的训练方法,《灵枢·本神》对其作了精辟的概括:"智者之养生也,必须顺四时而知寒暑,和喜怒而安居处,节阴阳而调刚柔。"论述虽然涉及传统体育健身的诸多方面,但调养心神是主要内容,具体包括清静养神、适度用神、怡情畅神等方面。

第八节　中华传统体育健身项目

一、中华传统体育健身项目——五禽戏

(一)功法源流

据史料记载,五禽戏的起源可以追溯到我国远古时代。当时中原大地江河泛滥,不少人患了于关节不利的"重腿"之症,为此,"乃制为舞","以利导之"。《吕氏春秋·古乐篇》也有类似记载。这种"舞"与模仿飞禽走兽动作、神态有关,我们可以在考古文物和历代文献中找到依据。1973 年,湖南长沙马王堆三号汉墓出土的44 幅帛书中就有不少模仿动物的姿势,如"龙登""鹞背""熊经",有的图虽然注文残缺,但仍可看出模仿猴、猫、犬、鹤、燕以及虎豹扑食等形状。《庄子》说:"吹呴呼吸,吐故纳新,熊经鸟申(伸),为寿而已矣。"其中,"熊经鸟伸"就是对古人模仿动物姿态势习练传统健身方法生动而形象的描绘。

华佗编创五禽戏的记载最早见于西晋陈寿的《三国志·华佗传》:"吾有一术,名五禽之戏,一曰虎,二曰鹿,三曰熊,四曰猨(猿),五曰鸟。亦以除疾,并利蹰(蹄)足,以当导引。"从现有文献资料看,南北朝时名医陶弘景所著《养性延命录》最早用文字描述了五禽戏的具体动作。由于南北朝距东汉末年不过三百年,因此,可以认为这套五禽戏动作可能比较接近华佗创编的五禽戏,但是练习起来动作难度较大。此后,明代周履靖的《夷门广牍·赤凤髓》、清代曹无极的《万寿仙书·导引篇》和席锡蕃的《五禽舞功法图说》等著作中,都以图文并茂的形式,比较详细地描述了五禽戏的习练方法。这些五禽戏技法与《养性延命录》所载有较大出入,"五禽"动作均为单式,排序也变为"虎、熊、鹿、猿、鸟"。但其文字说明不仅描述了"五禽"的动作,还有神态的要求,并结合了呼吸的运行。这些宝贵的文献资料为后人的研究提供了重要依据。

五禽戏发展至今已形成不少流派,每个流派都有着相同的风格和特点,有些甚至冠以华佗之名。结合自身练功体验所编的"仿生式"传统健身技法,以活动筋骨、疏通气血、防病治病、健身延年为目的。其中,有偏重肢体运动,模仿"五禽"动作,意在强身健体的,为外功型,即通常所说的五禽戏;有以刚为主,通过拍打、按摩来治疗疾病,甚至被用于散手技击、自卫御敌的,如五禽拳、五禽散手等;还有以柔劲为主,讲究动作姿势优美矫健,以舞蹈形式出现的,如五禽舞、五禽舞功法图说等。

五禽戏的动作编排按照《三国志·华佗传》的记载,顺序为虎、鹿、熊、猿、鸟;动作简便易学,共十个动作,每戏两个动作,并在动作的开始和结束增加了起势,体现了形、意、气的合一,符合习练者特别是中老年人运动的规律。动作素材来源于传统,并在古代文献的基础上进行改进;动作设计考虑形体美学、现代人体运动学的有机结合,体现时代特征和科学健身理念,既有整体的健身作用,又有每一戏的特定功效。动作仿效虎之威猛、鹿之安舒、熊之沉稳、猿之灵巧、鸟之轻捷,力求形神兼备,意气相随,内外合一。

(二)健身特点

1. 安全易学,左右对称

五禽戏是在对传统五禽戏进行挖掘整理的基础上创编的,便于广大群众习练。因此,动作力求简洁,左右对称,平衡发展,既可全套连贯习练,也可侧重其中某几戏,还可只练某一戏,运动量较为适中,属有氧训练,各人可根据自身情况调节每势动作的运动幅度和强度,要根据自己的身体条件和健康状况,循序渐进,逐步提高。

2. 引伸肢体,动诸关节

五禽戏的动作体现了身体躯干的全方位运动,包括前俯、后仰、侧屈、拧转、缩放等各种不同的姿势,对颈椎、胸椎、腰椎等部位进行了有效的锻炼。总的来看,锻炼以腰为主轴和枢纽,带动上、下肢向各个方向运动,以增大脊柱的活动幅度,增强健身功效。

本功法特别要注意手指、脚趾等关节的运动,以达到加强远端血液微循环的目的。同时,还要注意对平时活动较少或为人们所忽视的肌肉群的锻炼。

3. 外导内引,形松意充

五禽戏是以模仿动物姿态、以动为主的功法,根据动作的升降开合,以形引气。虽然"形"显示于外,但为内在的意所系。外形动作既要仿效虎之威猛、鹿之安舒、熊之沉稳、猿之灵巧、鸟之轻捷,还要力求蕴含"五禽"的神韵,内外合一。

习练过程在保持功法要求和正确姿势的前提下,各部分肌肉应尽量保持放松,做到舒适自然,不僵硬,不拿劲,不软塌。只有肢体松沉自然,才能做到以意引气,气贯全身;以气养神,气血通畅,从而增强体质。

4.动静结合,练养相兼

五禽戏模仿五禽的动作和姿势,舒展肢体,活络筋骨,同时在功法的起势、收势以及每一戏结束后,配以练习者相对平稳的状态意境,以起到"外静内动"的功效。动与静的有机结合,两个阶段交替出现,起到练、养相兼的互补作用,可进一步提高练功效果。

(三)动作介绍

第一式　虎戏

"虎戏"要体现虎的威猛。神发于目,虎视眈眈;威生于爪,伸缩有力;神威并重,气势凌人。动作变化要做到刚中有柔、柔中生刚、外刚内柔、刚柔相济,具有动如雷霆无阻挡、静如泰山不可摇的气势。

第二式　鹿戏

鹿喜挺身眺望,好角抵,运转尾闾,善奔走,通任、督两脉。习练"鹿戏"时,动作要轻盈舒展,神态要安闲雅静,想象自己置身于鹿群中,在山坡、草原上自由快乐的活动。

第三式　熊戏

"熊戏"要表现出熊憨厚沉稳、松静自然的神态。运势外阴内阳,外动内静,外刚内柔,以意领气,气沉丹田,行步外观笨重拖沓,其实笨中生灵,蕴含内劲,沉稳之中显灵敏。

第四式　猿戏

猿生性好动,机智灵敏,善于纵跳,折枝攀树,躲躲闪闪,永不疲倦。习练"猿戏"时,外练肢体的轻灵敏捷,欲动则如疾风闪电,迅敏机警;内练精神的宁静,欲静则似静月凌空,万籁无声,从而达到"外动内静""动静结合"的境界。

第五式　鸟戏

鸟戏取形于鹤。鹤是轻盈安详的鸟类,人们对它进行描述时往往寓意健康长寿。习练时,要表现出鹤的昂然挺拔、悠然自得的神韵。仿效鹤翅飞翔,抑扬开合。两臂上提,伸颈运腰;两臂下合,含胸松腹,灵活四肢关节。

二、中华传统体育健身项目——八段锦

（一）功法源流

八段锦的"八"不是单指段、节和八个动作，而是表示其技法有多种要素，相互制约、联系，并循环运转。正如明朝高濂在《遵生八笺》中所讲："子后午前做，造化合乾坤。循环次第转，八卦是良因。""锦"字，是由"金"和"帛"组成，表示其精美华贵。除此之外，"锦"字还可以理解为单个技术动作的汇集，如丝绵那样连绵不断，是一套完整的健身方法。

八段锦的称谓，最早出现在南宋洪迈所著《夷坚志》中："政和七年，李似矩为起居郎……尝以夜半时起坐，行所谓八段锦者。"说明八段锦在北宋已流传于世，并有坐势、立势之分。

立势八段锦更便于群众习练，流传甚广，新编的八段锦以立势八段锦为蓝本，进行挖掘、整理和编创，因此，这里重点是对立势八段锦的源流和有关情况进行分析介绍。

立势八段锦在历史文献上首见于南宋曾慥所著《道枢·众妙篇》："仰掌上举以治三焦者也；左肝右肺如射雕焉；所以安其脾胃矣；返复而顾，所以理其伤劳矣；大小朝天，咽津补气，左右挑其手；左右手以攀其足，所以治其腰矣。"但这一时期的八段锦尚未形成歌诀。之后，在南宋《事林广记·修真秘旨》中才定名为"吕真人安乐法"，其文歌诀曰："昂首仰托顺三焦，左肝右肺如射雕；东脾单托兼西胃，五劳回顾七伤调；鳝鱼摆尾通心气，两手搬脚定于腰；大小朝天安五脏，淑津咽纳指双挑。"立势八段锦在明清时期有了很大发展，并得到了广泛传播。清末首次以"八段锦"为名，并绘有图像，形成了较完整的动作套路。其歌诀曰："两手托天理三焦，左右开弓似射雕；调理脾胃须单举，五劳七伤往后瞧；摇头晃尾去心火，背后七颠百病消；攒拳怒目增气力，两手攀足固肾腰。"至此，传统八段锦动作被固定下来。

八段锦在流传中出现过许多流派。例如，清朝山阴娄杰述八段锦立功，其歌诀曰："手把碧天擎，雕弓左右鸣；鼎凭单臂举，剑向半肩横；擒纵如猿捷，威严似虎狞；更同飞燕急，立马告功成。"

历史上八段锦被分为南北两派。行功时动作柔和，多采用站式动作的，谓之南派，伪托梁世昌所传；动作多马步，以刚为主的，谓之北派，附会为岳飞所传。从文献和动作上考察，不论是南派还是北派，都同出一源。

从历史来看，八段锦究竟是何人、何时所创，尚无定论。从湖南长沙马王堆三号墓

出土的导引图可以看到,其中有四幅图势与八段锦图势中的"调理脾胃须单举""双手攀足固肾腰""左右开弓似射雕""背后七颠百病消"接近。另外,从南北朝时期所辑录的《养性延命录》中也可以看到类似的动作图势。例如,"狼距鸱顾,左右自摇曳"与"五劳七伤往后瞧"动作相似;"顿踵三还"与"背后七颠百病消"动作相似;"左右挽弓势"基本与"左右开弓似射雕"动作一致;"左右单托天势"基本与"调理脾胃须单举"动作一致;"两手前筑势"基本与"攒拳怒目增气力"动作一致。这些都说明八段锦与《导引图》以及《养性延命录》有一定的关联性。

20 世纪 50 年代后期,唐豪、马凤阁等人编著的《八段锦》出版,后又组织编写小组对传统八段锦进行了挖掘整理。由于国家的高度重视,练习八段锦的群众逐年增多,到 20 世纪 70 年代末 80 年代初八段锦作为传统体育项目开始进入我国高等体育院校和医学类院校课程,这在很大程度上促进了八段锦理论的发展,丰富了八段锦的理论和技术内涵。

通过对大量文献史料的查阅、考证,可得如下基本认识:传统八段锦流传年代应早于宋代,在明清时期有了较大发展。传统八段锦的编创人尚无定论,但不可否认的是八段锦是历代学者共同创造的知识财富。清末以前的八段锦是一种以肢体运动为主的导引术,无论是南派、北派或是文武不同练法,都同出一源,在流传中相互渗透,逐渐趋向一致,这一观点是得到认可的。

(二)功法特点

中华传统体育健身项目八段锦的运动强度和动作的编排顺序符合运动学和生理学规律,属于有氧运动,安全可靠。整套技术动作增加了预备势和收势,使套路更加完整规范。技术动作特点主要体现在以下几个方面:

1. 圆活连贯,柔和缓慢

圆活,是指动作路线带有弧形,不起棱角,不直来直往,符合人体各关节自然弯曲的状态。柔和,是指习练时动作不僵不拘,轻松自如,舒展大方。连贯,是要求动作的虚实变化和姿势的转换衔接无停顿断续之处。缓慢,是指习练时身体重心平稳,虚实分明,轻飘徐缓。它以腰脊为轴带动四肢的运动,上下相随,节节贯穿。行云流水之连绵不断,春蚕吐丝般相连无间,使人达到疏通经络、畅通气血和强身健体的健身效果。

2. 动静相兼,松紧结合

动与静主要是指身体动作的外在表现。动,意思就是在意念的引导下,动作轻灵活泼、节节贯穿、舒适自然。静,意思是指在动作的节分处做到沉稳,特别是八个动作的缓慢用力之处,在外观上看略有停顿之感,但内劲没停,肌肉持续用力,保持牵引抻拉。适当的用力和延长作用时间,能够使相应的部位受到一定强度的刺激,有助于提高锻炼效果。

松,指的是习练时肌肉、关节以及中枢神经系统和内脏器官的放松。在意识的支配下,逐步达到呼吸柔和、心静而体松,同时松而不懈,保持正确的姿态,并将这种放松程度不断加深。紧,指的是习练中适当用力,且缓慢进行,主要体现在前一动作的结束与下一动作的开始之前。动作中的"双手托天理三焦"的上托、"左右弯弓似射雕"的马步拉弓、"调理脾胃须单举"的上举、"五劳七伤往后瞧"的转头旋臂、"攒拳怒目增气力"的冲拳与抓握、"背后七颠百病消"的脚趾抓地与提肛等,都充分体现了这一点。紧,在动作中只在一瞬间,而放松需贯穿动作的始终。松紧配合要适度,有助于平衡、分解黏滞、滑利关节、增强体质,实现健身的效果。

3.气寓其中,形神相合

气寓其中,是指通过精神的修养和形体的锻炼,促进真气在体内的运行,以达到强身健体的功效。习练本功法时,呼吸应顺畅,不可强吸硬呼。

神,是指人体的精神状态和正常的意识活动,以及在意识支配下的形体外在表现。形乃基本技术外形,"神为形之主,形乃神之宅"。神与形两者之间是相互联系、相互促进的整体。技术动作中,每势动作以及动作之间充满了对称与和谐,体现出虚实相生、刚柔相济,做到了意动形随、神形兼备的状态。

(三)动作介绍

预备势

动作一:两脚并步站立;两臂自然垂于体侧;身体中正,目视前方。

动作二:随着松腰沉髋,身体重心移至右腿;左脚向左侧开步,脚尖要朝前,约与肩同宽;目视前方。

动作三:两臂内旋,两掌分别向两侧摆起,约与髋同高,掌心向后;目视前方。

动作四:上动不停。两腿膝关节微屈;两臂外旋,向前合抱于腹前呈圆弧形,与脐同高,掌心向内,两掌指间距大约10厘米;目视前方。

第一式　两手托天理三焦

动作一:接上式。两臂外旋微下落,两掌五指分开于腹前交叉,掌心向上;目视前方。

动作二：上动不停。两腿徐缓挺膝伸直；两掌上托至胸前，随之两臂内旋向上托起，掌心向上；抬头，目视两掌。

动作三：上动不停。两臂继续上托，肘关节伸直；下颌内收，动作略停；目视前方。

动作四：身体重心缓缓下降；两腿膝关节微屈；十指慢慢分开，两臂分别向身体两侧下落，两掌捧于腹前，掌心向上；目视前方。

第二式　左右开弓似射雕

动作一：接上式。身体重心右移；左脚向左侧开步站立，两腿膝关节自然伸直；两掌向上交叉于胸前，左掌在外，两掌心向内；目视前方。

动作二：上动不停。两腿徐缓屈膝半蹲成马步；右掌屈指成"爪"，向右拉至肩前；左掌成八字掌，左臂内旋，向左侧推出，与肩同高，掌心向左，有如拉弓射箭之势；动作略停；目视左掌方向。

动作三：身体重心右移；右手五指伸开成掌，向上、向右画弧，与肩同高，指尖朝上，掌心斜向前；左手指伸开成掌，掌心斜向后；目视右掌。

动作四：上动不停。重心继续右移；左脚回收成并步站立；两张分别由两侧下落，捧于腹前，指尖相对，掌心向上；目视前方。

第三式　调理脾胃须单举

动作一：两腿徐缓挺膝伸直；同时左掌上托，左臂外旋上穿经面前，随之臂内旋上举至头左上方，肘关节微屈，力达至掌根，掌心向上，掌指向右；同时，左掌微上托，臂内旋下按至右髋旁，肘关节微屈，力达掌根，掌心向下，掌指向前，动作略停；目视前方。

动作二：松腰沉髋，身体重心缓缓下降；两腿膝关节微屈；左臂屈肘外旋，左掌经面前下落至腹前，掌心向上；右臂外旋，右掌向上捧于腹前，两掌指尖相对，相距约10厘米，掌心向上。

动作三、四：同动作一、二，唯左右相反。

第四式　五劳七伤往后瞧

动作一：接上式。两腿徐缓挺膝伸直；两臂伸直，掌心向后，指尖向下，目视前方。两臂充分外旋，掌心向外；头向左后转，动作略停；目视左斜后方。

动作二：松腰沉髋，身体重心缓缓下降；两腿膝关节微屈；两臂内旋按于髋旁，掌心向下，指尖向前；目视前方。

第五式　摇头摆尾去心火

动作一：身体重心左移；右脚向右开步站立，两腿膝关节自然伸直；两掌上托与胸同高时，两臂内旋，两掌继续上托至头上方，肘关节微屈，掌心向上，指尖相对；目视前方。

动作二:两腿徐缓屈膝半蹲成马步;两臂向两侧下落,两掌扶于膝关节上方,肘关节微屈,小指侧向前;目视前方。

动作三:身体重心向上稍升起,而后右移;上体先向右倾,随之俯身;目视右脚。

动作四:上动不停。身体重心左移;上体由右向前、向左旋转;目视右脚。

动作五:身体重心右移,成马步;头向后摇,上体立起,随之下颌微收;目视前方。

第六式　两手攀足固肾腰

动作一:两腿挺膝伸直站立;同时,两掌指尖向前,两臂向前、向上举起,肘关节伸直,掌心向前;目视前方。

动作二:两臂外旋至掌心相对,屈肘,两掌下按于胸前,掌心向下,指尖相对;目视前方。

动作三:上动不停。两臂外旋,两掌心向上,随之两掌掌指顺腋下向后插;目视前方。

动作四:两掌心向内沿脊柱两侧向下摩运至臀部;随之上体前俯,两掌继续沿腿下摩运,经脚两侧置于脚面;抬头,动作略停。

动作五:两掌沿地面前伸,手臂随之举动上体起立,两臂伸直上举,掌心向前;目视前方。

第七式　攒拳怒目增气力

动作一:身体重心右移,左脚向左开步;两腿徐缓屈膝半蹲成马步;两掌握固,抱于腰侧,拳眼朝上;目视前方。

动作二:左臂内旋,左拳变掌,虎口朝下;目视左掌。左臂外旋,肘关节微屈;左掌向左缠绕,变掌心向上后握固;目视左拳。

动作三:屈肘,回收左拳至腰侧,拳眼朝上;目视前方。

第八式　背后七颠百病消

动作一:两脚跟提起;头上顶,动作略停;目视前方。

动作二:两脚跟下落,轻震地面;目视前方。

第九式　收势

动作一:两臂内旋,向两侧摆起,与髋同高,掌心向后;目视前方。

动作二:两臂屈肘,两掌相叠置于丹田处(男性左手在内,女性右手在内);目视前方。

动作三:两臂自然下落,两掌轻贴于腿外侧;目视前方。

三、中华传统体育健身项目——马王堆导引术

(一)功法源流

20世纪70年代,在我国长沙马王堆汉墓发掘的导引图是有记载的最早的古代导引图,本健身方法即以此图为基础,参考了相关文献编制而成。

导引最早施行是在春秋时期,导引与按摩相伴出现。到了战国时期,和行气一同施行的"导引"一词,目前文献最早追溯到先秦,其文云:"吹呴呼吸,吐故纳新,熊经鸟申(伸),为寿而已矣。"

导引一词出现以后,古人把许多健身方法都归属于导引。导引包括的健身方法相当广泛,所包含的内容虽各有不同,但都可以看作一种自我调节身体运行、祛病健身的健身法。

1973年马王堆导引图的发现,对研究中国传统体育健身的发展有着重大的意义。这幅导引图高约50厘米,宽约100厘米,共绘有44幅不同运动姿态的人像,图像高9～12厘米,有男有女,有老有少。每个图像为一独立的运动姿态,图侧有简单的说明文字,因残缺,能看出文字的只有31处。这幅导引图是中国乃至世界上迄今考古发现中时代最早的综合性彩色传统导引健身图谱。不但在此前没有现存的古谱,即使一千余年以后的唐代后期,也都未发现类似图谱。

我国古代传统体育健身方法在长期历史演进过程中,留下了很多极为丰富的历史资料。但以往多见到文字资料,在明代以前刊刻的文献中,没见到一份图谱。1973年湖南长沙马王堆西汉帛画导引图的出土,使我们见到了早期的导引图,并且把历史上所记载的健身图的年限大大提前。在古籍中首次提到导引图绘的是晋代的《抱朴子·别旨》,但也只是提到当时已有人用"粉绘""著图",直到《隋书·经籍志》才首次记有《行气图一卷》。西汉帛画图至少比这些要早七百多年,而比瑞典人所发明的医疗体操要早一千多年,可见历史研究价值所在。

马王堆导引图所涵盖的技术动作是非常广泛的。根据它的动作来源、动作内容形式、效应,可看出它既有模仿生禽,也有来源于生活的;既有行气吐纳,也有伸筋拔骨;既有保健方法,还伴有按摩动作。可以说,它涵盖了导引养生的所有范畴,是我国汉代以前传统体育健身技法集大成的代表,表明我国古代朴素健身思想的发达程度。

（二）健身特点

本书从中节选了 12 个图谱,按照养生功法的本质特征和人体运动的规律将其进行了再现。

第一式　预备势

两脚微开立。两臂自然下垂,周身放松,全身心处于一个非常舒适的状态。然后有意识的深、长、匀、细式呼吸,并逐渐使鼻息减慢,好像若有若无,以至于忘却了用鼻呼吸。意想肚脐在呼吸吐纳,绵绵细细,如在胎胞之中。

第二式　凫浴

并步站立,两眼目视前方,下颏微收,全身放松,两臂自然下垂,两臂向右摆,屈膝半蹲,头向左转,髋关节向左顶出。立起后两臂向左摆,屈膝半蹲,头向右转,髋关节向右顶出。

第三式　燕息

两脚微开立。缓缓起势,脚跟随之抬起,吸气;两手上抬,身体重心下降,两膝微屈,脚跟落下,根在大脚趾。

第四式　挽弓

两脚开步站立,屈肘于胸前,掌心相对。身体左转,左臂前伸,右臂屈肘后拉,右手近腮边成挽弓式,两脚脚尖以脚跟为轴向左旋转成一直线,同时吸气。还原成预备势,同时吸气。身体右转,右臂前伸,左臂屈肘后拉,左手近腮边成挽弓式,两脚脚尖以脚跟为轴向右旋转成一直线,同时吸气。还原成预备势,同时吸气。

第五式　鹞北

面南并步站立,两臂侧平举,手心向上。身体徐徐右转,头随身体转向西,吸气。还原成预备势,呼气。身体徐徐左转,头随身体转向东,吸气。还原成预备势,呼气。

第六式　引头风

并步站立,两臂侧平举,手心向上。右臂徐徐上举,左臂相应下落,右髋向右挺出,两臂保持一字形,目视右手。左臂徐徐上举,右臂相应下落,左髋向左挺出,两臂保持一字形,目视左手。

第七式　燕飞

两脚开立,两臂屈肘交叉于体前,两手手心均匀向内。右手内旋于右上,掌心向外,掌指向上;左手内旋于左下。左脚移至右脚旁成左丁步,胯向右顶。左手内旋于左上,掌心向外,掌指向上;右手内旋于右下。右脚移至左脚旁成右丁步,胯向左顶。还原成预备势。

第八式 引腹中

并步站立,两手侧平举。右手外旋,左手内旋,髋部向左移。还原成预备势,左手外旋,右手内旋,髋部向右移。还原成预备势。

第九式 引背痛

两脚跟提起,背部向上拱起,两手在体前下插,目视脚尖。

第十式 沐猴攫引热中

两脚自然开立。两膝微屈,同时两臂微屈握拳于体前两侧。气沉丹田,鼓腹呼气时两拳握紧,收腹吸气时两拳放松。握拳时拇指先向掌心屈,再以四指盖住拇指。

第十一式 龙登

并步站立,两眼目视前方,下颏微收,全身放松,两臂自然下垂。两腿微蹲,两手心相对置于胸前,徐徐呼气。两臂向上方伸展,站立并提踵吸气。

第十二式 仰呼

开步站立,两眼目视前方,下颏微收,全身放松,两臂自然下垂。两臂向前平举,掌心相对,含胸鼓腹,吸气。两臂上举过头,直至尽情向后伸展,同时快速将气呼出。

第五章　文化、文化价值与中华传统体育健身文化的关联

文化是一个民族的标志，任何一个民族如果把本民族的文化给丢了，那么这个民族就只能是套着空壳的民族。在当今这个经济全球化的时代，很多领域和行业在不断的融合，所谓的特色和个性被掩盖，但文化不能被掩埋，也不可能被掩埋。

中华传统体育健身项目是中华民族的瑰宝，它之所以经久不衰，不仅因为它是人们追求长寿的驱动，更重要的是它承载了源远流长的民族文化。唯愿以传统体育健身项目为载体，学习和宣传中华传统文化，使其成为文化软实力中一个重要组成部分，并以此为契机，积极推动传统体育的发展。

第一节　何谓文化

"文化"，是中国语言系统中古已有之的词汇。

"文"的本义，指各色交错的纹理。其中，《易·系辞下》载："物象杂，故曰文。"《礼记·乐记》称："五色成文而不乱。"《说文解字》称："文，错画也，象交文。"均指此义。

在此基础之上，"文"又有若干层引申之义。首先，由伦理之说导出彩画、装饰、人为修养之义，与"质""实"对称，所以，《尚书·舜典》疏曰"经纬天地曰文"，《论语·雍也》称"致胜文则野，文胜质则史，文质彬彬，然后君子"。其次，为包括语言文字在内的各种象征符号，进而具体化为文物典籍、礼乐制度。《尚书·序》所载伏羲画八卦，造书契，"由是文籍生焉"，《论语·子罕》所载孔子说"文王即没，文不在兹乎"，是其实例。最后，在前两层意义之上，更导出美、善、德行之义，这便是《礼记·乐记》所谓"礼减而进，以进为文"，郑玄注"文犹美也，善也"，《尚书·大禹谟》所谓"文命敷于四海，邸承于帝"。

"化"，本义为改易、造化、生成。例如，《庄子·逍遥游》："化而为鸟，其名曰鹏。"《易·系辞下》："男女构精，万物化生。"《黄帝内经·素问》："化不可代，时不可违。"

《礼记·中庸》:"可以赞天地之化育。"归纳以上之说,"化"是指事物形态或性质的改变。但同时"化"又引申为教行迁善之义。

第二节 文化价值研究

文化价值的研究属于哲学范畴的研究,鉴于此,有必要在学理层面对文化价值进行系统的哲学反思,并阐释其形成发展的制约因素和内在运行机制。反思文化价值的重要意义,不仅体现在对传统文化和文化传统的反思与认识上,还体现在对文化冲突的规避与化解上,更体现在文化共识的探索以及文化自觉的实现上。实现文化价值的自觉,对于推进新时期的文化建设,促进文化的大发展、大繁荣都具有十分重要而深远的历史意义。

在全球化背景下,文化民族性与文化世界性之间的张力不断突显。在这个不可避免的历史潮流面前,我们如何确立自身民族文化在世界文化之林中的位置、如何审视自身文化,继而总结持续不断的古今中西文化争论、如何确立自身的文化发展方向,已经成为我们必须要面对的时代课题。解决这一课题的重要前提,是文化价值观的自觉和明确性。

文化价值是主体对特定文化的价值意识的自觉,是对具体的文化形态、文化模式、文化精神的价值趋向和文化评判。这种价值趋向和评判,随着不同主体的差异,以及同一主体不同境遇的不同理解,总是通过不同的话语,呈现出不同的立场、观点和思想。

站在文化价值的内在机制的角度来讲,文化的价值冲突、价值评价以及价值认同和价值创建,是理解和把握文化价值的四个重要方面。在全球化时代,不同的文化质地的文化交流和文化碰撞,必然引发文化的价值冲突。在文化的价值冲突之中,价值评价与价值认同,是深刻影响人们价值观的核心要素。对文化价值观的反思和自觉,最终要体现在文化的价值创建上。

文化价值的冲突是形成价值观的现实基础。从历史来看,不同时代的文化价值冲突在形式、规模、内核等诸多方面有明显的差异。在全球化时代,文化价值冲突的突出表现是文化危机和价值规范性差异。主体的差异性存在、民族的历史性变革以及时代的空间性流变是造成文化冲突的本质原因。只有尊重差异、合理交往、沟通互补、和谐发展,才能规避和化解文化冲突,树立文化发展的健康常态。

文化价值评价是决定文化价值的核心要素之一。人们的价值观形成于人们的文化价值评价活动之中。价值评价源于主客体之间的价值关系。在主体价值评价活动中四个基本功能就是,辨真假、明利害、知善恶、审美丑。在文化价值评价中,文化价值评价活动是在评价主体与客体的对象性反思活动中展开的。基本的生存需求,沿袭的文化传统、超脱的价值理想是文化评价活动中衡量文化价值的具体标准。

文化价值认同是影响文化价值观的深层内因。文化身份与价值认同是影响人们的文化价值观念的核心要素。在全球化和现代性的历史语境中,世界上许多争论都源于人们对文化身份和价值认同的不同理解和体认。只有明确文化价值认同的认识误区、超越二元对立的思维方式、实现共生共荣的价值认同、倡导辩证统一的认同理念,才能在文化冲突中实现文化认同,在文化认同中实现文化发展。

文化价值的建立是确立文化价值观的最终目标。文化价值观的确立,为文化价值的建立提供了根本根据和支撑。确立文化理想和价值目标,把握传统文化和文化传统,把握文化潮流和发展趋势,是实现文化价值建立的基础;民族之团结、社会之和谐、人的全面发展,是文化价值建立的标准;化解文化冲突、延续文化传统、促进文化共识、实现民族文化自觉,是文化价值创建的内容和目标;古今融合、中外互补、存异求同、融合创新,是文化价值创建的具体方法。

近代以来,中国经历了深刻复杂的文化转型时期。在这一历史进程中,围绕"古今中西"文化问题所展开的文化争论一直在持续。文化的全球化、文化的现代性,已经成为当代中国文化转型的基本语境。建构核心价值体系、确立核心价值标准、倡导核心价值观念,已经成为当代中国价值重构的核心内容。

文化价值是一个社会文化体系的内核,是构成一个社会的各个成员的、深层的价值信念体系,它深刻影响着人们的思想和行为。在全球化进程不断深入发展的今天,树立正确的文化价值观的现实意义,不仅体现在对传统文化和文化传统的思考上,还体现在对文化冲突的规避与化解上,更体现在文化共识的探索以及文化自觉的实现上。在建设中华民族共同的精神家园的伟大历史进程中,树立和谐、共存、包容、共赢、全面、共享的文化价值观,对于提高全民族的凝聚力,增强国家文化软实力,助力积极推进新时期的文化建设,创造出具有民族特色和时代精神的先进文化,实现社会主义文化的大发展、大繁荣就有重要意义。

"文化哲学"是对人类生存方式的反思,文化哲学以文化为研究对象,但不是一切文化现象都是文化哲学要把握的。一般讲,文化哲学要研究的不是作为个别的文化现象,而是作为一般和本质的文化,它不是把文化作为客观的对象去进行外在的描述和展示,而是站在人的立场对文化及其发展进行反思。在这里,文化哲学与仅研究各种文化现象的文化学相互区别,文化哲学是对文化进行主体性的把握。

从逻辑上讲,如果说,文化学是对文化现象的外在把握,那么,文化哲学则是对文化的本质进行理论层面的思考;如果说,文化学是把各种文化现象作为概括的对象,那么文化哲学则是通过对文化学的概括达到人对自身的自我意识。由此看来,文化哲学是站在人的立场上对文化的哲学把握。

人通过文化赋予自然以价值和意义的规定性,也通过文化和改造自然的活动去实现自己成之为人的价值。文化哲学不仅要揭示人的存在不同于动物存在的文化内涵,而且要揭示人的存在对自身的价值和意义。文化哲学在实质上就是人的哲学,是关于人的存在的价值和意义的阐释而已。这里所说的人,并不是自然人,而是通过人类文化创造的生活实践感性生成的文化主体。自然也不是自在的、史前的自然,而是被人通过文化改变着存在形式的文化自然。也正因为如此,文化哲学对文化的把握不是站在纯粹客观的角度,而是从人出发,以人的需要为基本的尺度。

一、文化哲学

文化哲学与人学不同。众所周知,20 世纪 80 年代以来,人学研究引起我国学界普遍关注,并取得了积极的成果。

一般说来,学界对人学的理论定位大体有三种不同的观点。其中一种观点认为,人学是人的哲学,它属于哲学的一个分支。另外一种观点认为,人学就是哲学,甚至是哲学的当代形态。还有一种观点认为,人学是人的科学,它包括一切研究人的科学,如心理学、医学、生理学、文学等,处于哲学和具体科学之间。

实际上,这三种观点是从宏观到微观几个层面界定人学。它们在内容上是相互包含的,而在与微观人学的关系中,文化哲学作为人类生活方式的哲学反思规定和影响着人学的视角和方法。

但是无论怎样,文化哲学都区别于人学。文化哲学作为对人类生存方式的理论层面与宏观人学的区别在于前者是应用型哲学,而后者则是元理论哲学。在与中观人学的关系中,文化哲学与人学作为相对独立的两个哲学理论的分支是从不同的视角展示了哲学元理论。

文化哲学作为哲学的分支,是对人类生存方式的反思。但就其他物体而言,它们的存在及其方式却是由人来决定的。人类以文化的方式生存着是人类的生存方式与世间其他物体的存在方式的一个十分重要的区别。文化作为人自己活动的产物和动态的发展过程使人类的生存及其方式根据人自己的内在需要而不断地发生变化和发展。在这个意义上,人的存在及其方式区别于其他物体的存在及其方式就在于前者是自我设计的实现。可以说,物的存在及其方式是"本质先于存在",而人的存在及其方式则是"存在先于本质"。当然,人之为人就在于人不只是自然存在物,也不只是按照规律和对象的本性改造对象,而是社会文化存在物,人也根据自己的内在尺度改造对象。这并不否认人的存在必须有自然的前提和自然的外在条件,而且也不否认人必须按照规律和对象的本性改造对象。

文化哲学作为哲学的分支,以人类特有的生存方式为对象,从而在研究对象上区别于其他哲学理论;而它作为人从自己的立场出发,以其内在尺度为根据,以思辨的形式所建构起来的理论体系又区别于文化学和文化科学。

文化哲学作为对人类生存方式的反思,包含的基本内容大体有:文化本质论、文化的生成、文化构成论、历史和未来观、文化类型说文化发展中的矛盾关系的理论、文化的功能、文化价值观等。

文化本质论揭示文化的本质,它作为文化哲学的逻辑起点规定着文化哲学的理论倾向。文化构成说从不同的视角解析文化,讨论文化的各种要素之间以及各种要素同整个文化系统的关系,从而展示作为有机整体的文化。文化类型说是根据文化的性质和特色、发展程度和水平、形式和状态区分不同的文化,揭示文化的特殊性。文化的生成历史和未来观从动态看待文化,把文化看作历史生成的产物,并在概括文化历史的过程中探索文化发展的规律,据此预测文化的未来走向,展示文化发展的整体图景。文化发展中的矛盾关系分析理论揭示了文化作为有机整体所包含的复杂的矛盾关系,它通过分析各种矛盾之间的性质、地位和作用,展示文化的社会性和历史性、特殊性、普遍性、绝对性和相对性等,从而引导人们在分析矛盾和解决矛盾的过程中不断去推动文化建设的进程。

二、文化的理论要素

文化的功能和文化价值观是关于文化的社会功能及其实现所蕴含的价值观的总称,它强调文化在现实世界中的地位和作用,引导人们自觉地理解文化并积极创造新的文化,推进文化的不断发展和人自身的不断发展。

文化的生成、文化的本质论、历史和未来观、文化类型说、文化构成论、文化发展中的矛盾关系的理论、文化的功能和文化的价值等作为文化哲学的理论要素是存在内在关联的,它们相互结合,构成统一的文化哲学体系。其中,文化本质论作为文化哲学的逻辑起点是从相对静止的层面揭示文化的本质规定性,而文化的生成历史和未来观则是对文化本质论的动态展开;文化构成和文化类型的有关理论分别展示了文化有机整体的整体和部分、普遍性和特殊性的统一。而文化发展中的矛盾分析理论则具体展示了文化发展中各对矛盾及其方面的对立统一,构成了文化哲学的主要内容。文化的功能和文化价值作为文化哲学的核心内容是其立意的根本。

文化哲学作为对人类生存方式的反思,其意义是多重的。

在理论层面,文化哲学的意义在于,它是作为哲学元理论的文化应用,不仅实现了哲学元理论作为世界观和方法论的价值,而且从文化的特定视角丰富了哲学理论本身,不断推动人类认识的发展。

在实践层面,文化哲学从文化的视角展示人类社会以及人生图景,不仅可以直接指导人类的文化及其建设,同时可以对塑造人、提升人乃至实现人的价值提供科学的方法和意义的支撑。

第三节 马克思主义文化哲学的内涵和特征

文化哲学一般规定着文化哲学的特殊性,马克思主义文化哲学一方面具有文化哲学所规定着的一般特性,另一方面它又具有不同于其他文化哲学的基本内涵和基本特征。

一、马克思主义文化哲学的基本观点

马克思主义的创始人马克思和恩格斯虽然没有刻意建构文化哲学体系,但是对文化的哲学把握却是早已有之。

马克思主义文化哲学是唯物史观的重要组成部分,它以唯物史观为理论基础和理论背景,是站在唯物史观的立场上,运用历史的辩证法去阐述文化及其发展一般规律的理论。他们把文化问题与人的发展问题联系在一起,开辟了一条研究文化哲学的新思路。

马克思主义文化哲学的基本观点可以概括为如下几个方面:

第一,实践活动是文化的源泉和基础。物质资料的生产是人类生存和发展的前提与基础,同时也是文化产生、存在和发展的基础。文化的发展和人的发展归根结底要依赖生产方式的发展。从生产实践及其发展看待文化的发展及其形态是马克思主义文化哲学与其他文化理论的根本区别。人类在生产物质资料的同时,也在生产着文化和人自身。

第二,文化具有相对的独立性。在实践和文化的相互关系中,尽管文化作为实践的产物是被决定的,但是文化一旦形成,便具有了相对独立性。这种独立性就会通过文化的时代性、民族性表现出来。实际上,正因为不同的时代、不同的民族、不同的地域有不同的文化,不同的文化有不同的发展阶段和发展轨迹,最终使得文化的内容和形式才是具体的和多样的。也正因为文化有相对的独立性,它才能够作用于实践,或者说,它才是具有意义的。

第三,人自由解放的程度是文化发展的尺度。文化的发生发展是一个历史性的过程。人与文化的关系是主客体的双向建构关系。

人通过文化实现社会化,从而获得自由和解放。在这个意义上,人的自由和解放程度是文化发展的尺度。其中存在两个方面的问题:一方面,人是文化的主体,文化作为人的活动的产物"是一本关于人的本质力量的书,是感性地摆在我们面前的人的心理学"。另一方面,文化又具有超越主体的客观形式,具有特定的结构和功能,形成人类社会特有的遗传机制。

二、马克思主义文化哲学的基本特征

马克思主义文化哲学作为马克思主义哲学的一个分支,具有实践性、科学性和革命性。

实践性是马克思主义哲学,也是马克思主义文化哲学的根本特性。这是目前国内学界达成的共识。但是在对实践性的理解上,各种观点又不尽相同。我们认为,马克思主义文化哲学的实践性,即把实践纳入文化,把实践看作文化发展的源泉、动力、尺度和目的。这不仅因为文化是实践的产物,而且在更根本的意义上,文化与实践同构。

第一,它为文化建设,特别是为我们当前正在进行的中国特色社会主义文化建设提供科学的指导。

第二,实践的观点是马克思主义文化哲学的基本观点,马克思主义文化哲学从实践看待文化的本质,也从实践看待文化发展的规律、文化的价值等。

众所周知,实践是由主体、客体和中介系统构成的结构体。同样,文化也是由主体、客体和中介系统联结而成的系统。语言符号、认知图式或生产工具作为文化的产物,既是主体间进行交往的中介,也是主体与客体的中介。由于它们具有象征性的特征,它们可以有意义地指称或代表外在的客体。在这里,不仅主体间的交往必须以社会文化为中介,主体与客体间的相互作用也必须通过文化才能成为现实。这样,主体对客体的作用就可以通过运用现实的或观念的符号操作而超越现实的有限性。

文化是实践的产物,而实践是社会的,只有在社会的形式中,实践才成为现实的活动。正像马克思指出的:"劳动只有作为社会的劳动,或者换个说法,只有在社会里和通过社会,才能成为财富和文化的源泉。这个论点无可争辩是正确的,因为孤立的劳动(假定它的物质条件是具备的),虽能创造使用价值,但它既不能创造财富,也不能创造文化。"(《哥达纲领批判》)文化的社会性表明,文化是专属于人类的。从实践看待文化,必然把文化看作社会的文化。这意味着离开了社会,既不会有产生文化的条件,也不会有产生文化的根据。实际上,不仅文化不能离开社会,同样,社会也离不开文化。社会和文化是相伴而生,相随而进的。

从实践看待文化,人类在历史的过程中产生并发展着自己的文化,而文化的发展和轨迹也构成了历史。必然把文化看作历史的产物。人类社会发展的历史,实际上就是人类文化的进步史。这意味着不能离开历史研究文化。这是因为,实践是在历史的过程中不断发展着的,实践的历史性规定着文化的历史性,实践的与时俱进规定着文化的与时俱进。

从实践看待文化,必然把文化看成是属于人的。这就意味着纯粹自在的自然无所谓文化。但是,文化作为人类社会实践的产物,以人为主体,以人的活动及其产物为中介,其发展的目标和方向是为了人。离开了人的立场、人的力量、人的价值,就无所谓文化。

从实践看待文化,把文化看成是多种多样的。这就意味着没有千篇一律的文化。不同的时代、不同的阶级、不同的民族、不同的地区,甚至实践的不同的领域,都会有属于自己的文化,只有在各种文化的相互激荡与冲突中,才会有文化的繁荣发展与昌盛。

文化哲学对文化建设,特别是对于我们正在进行的中国特色社会主义文化建设有着积极的作用,它为我们的文化建设规定了方向、提供了方法和评价及其尺度。这就意味着,坚持马克思主义文化哲学的实践性,还应当从实践和文化的相互作用看待文化。

马克思主义文化哲学的理论体系具有严格的科学性和彻底的革命性,是科学性和革命性的统一。其科学性来源于两个方面:

第一,马克思主义文化哲学既不是脱离实际的抽象教条,也不是就事论事的经验总结,而是随着实践和认识的发展而不断完善的开放的理论体系。以实践为现实根据,以唯物史观为理论基础,以辩证法为根本的方法,以文化学为思想材料,以社会科学为科学前提,因而可以达到对文化的本质及其规律的正确反映。

第二,马克思主义文化哲学的实践性、科学性和革命性是内在关联的,其中,实践性是其根本的特性。正由于马克思主义文化哲学以实践为现实的根据,从而正确揭示了文化的本质和文化的发展规律,它必然具有彻底的革命性。它不仅公开自己服务于无产阶级所进行的社会主义文化建设,同时在于它能够通过文化批判推进人类思维的发展乃至整个社会的发展。

马克思主义文化哲学正是由于具有实践性才能具有科学性和革命性,而科学性和革命性又是互为前提、互相制约的,没有革命性,不可能达到科学地把握文化,而离开了科学性,革命性也不可能实现。

第四节　马克思主义文化价值关系论

文化价值是指客观事物所具有的能够满足一定文化需要的特殊性质或者能够反映一定文化形态的属性。

文化价值是一种关系,文化价值是社会产物,不能把文化价值仅理解为满足个体文化需求的事物属性。它包含了两个方面的规定性:一方面,存在着能够满足一种文化需要的客体。另一方面,存在着某种具有文化层面需要的主体,当一定的主体发现了能够满足本身文化需要的对象,并通过某种方式占有这种对象时,就出现了所谓的"文化价值关系"。

人在文化价值层面的两面性,体现在人不仅是文化价值的需求者,而且是文化价值的承担者。文化价值在任何时候都是为人服务的,人类不需要的东西不具有文化价值,也就无法形成文化价值关系。

同时,文化价值又是由人创造出来的,人们创造文化需要和文化产品的能力,本身也是文化价值,而且是最本质的文化价值。不管是人的文化需要,还是满足这种需要的文化产品,都只能在人的社会实践中形成。任何社会形态都有该社会特有的文化需要,文化需要通过人类的文化创造活动来得到满足。

在社会文化价值关系中,发展人的文化创造能力具有重要意义。只有在社会主义条件下,人的文化创造能力才能得到充分的开发和提升。由于文化需要的复杂多样,其所形成的文化价值关系也是不同的。

对于某个社会生活共同体具有文化价值的事物,对于另一个社会生活共同体可能不具有文化价值,甚至具有反面价值。克服文化价值的分裂和对抗,是社会主义文化建设的任务。例如,等级制度对于封建统治阶级具有文化价值,拜金主义对于资产阶级具有文化价值,但它们对于无产阶级和劳动群众却只有文化压迫的作用,其文化价值对于无产阶级就无从谈起。

面对现代化大潮的冲击,在物质文化方面,当被问及为中国的什么感到自豪时,许多人的回答是,长城、四大发明等。这让人们越来越感受到了传统文化的重要性。于是人们极力保护和弘扬它们。可是我们弘扬它们的目的不在于标榜中国在历史上多么强大与辉煌,因为这是一段逝去的辉煌。从中汲取经验教训,为在现代化的过程中开创幸福的道路奠定基础,这也符合文化本身的定义:在一切可以增进人类幸福的行为与精神文化方面,在全球化背景下传统文化在多元文化的对话和交流中仍扮演着重要角色。这为对内的交流与对外交往提供了一种理念、一种解决矛盾的途径。

一个民族如果没有自己的科技,可能会亡国;一个民族如果丧失了自己的文化,就要亡种,而亡种比亡国更可怕。对内增强民族凝聚力,对外树立一种形象。全球化的局面下,对一个民族的文化提出了严峻的挑战。在全球化价值趋同的背景下,传统文化是保持民族文化认同感、归属感的最后一道壁垒。对中华民族来说,传统文化是中华民族之所以成为中华民族的象征,是中国人之所以成为中国人的标志。

灿烂悠久的传统文化影响着中华民族的民族心理、思维方式、审美情趣和行为习惯。在经济全球化时代,我们应当更加尊重自己本民族的传统文化发展,合理开发和利用传统文化这个重要资源,以应对全球化的挑战。越是民族的就越是世界的,反过来说,越是世界的就越需要具有民族特色的传统文化。全球化并不意味着文化民族性的消亡,只有那些既能够适应全球化,又能够保持民族特色的传统文化才能够存在和发展。在全球化过程中,保持一个民族传统文化的独立性,确认传统文化的民族身份就显得日益重要。

对于我们来说,只有寻找到了自己民族的文化之根,才能准确把握中华民族的命运,才能真正实现中华民族的伟大复兴。只有寻找到了自己民族的文化之源,才能认清今后的发展方向;只有寻找到了自己民族的文化根基,才能造福中华民族的子孙万代。

传统文化对化解人类面临的矛盾冲突及人生面临的种种困惑能够提供有益有价值的帮助。在现代社会,人类面临着五大冲突,就是人与社会、人与自然、人与人、人与自我心灵以及不同文明之间的冲突,这五大冲突造成了生态、道德、社会、精神以及价值的五大危机。五大冲突和五大危急时刻困扰着我们的社会,困扰者我们每一个人。要解决这些矛盾冲突和危机,很难从西方文化中寻找到答案,只有中国传统文化为我们提供了一些有价值的借鉴和帮助。

可以说,中华传统文化是天人合一之学,是人际和谐之学,是身心平衡之学。中华传统文化所关注的是人与自然、人与人、人与社会群体、人与自我之间的心灵世界的和谐关系。和谐是中华传统文化的最高境界,中华传统文化所追求的是一种真、善、美的人生境界,它所注重的是生命的存在问题、个人的德行问题、人生的价值和意义问题,因此,它是生命存在之学、安身立命之学、道德践履之学、理想人格之学、内圣外王之学、人生智慧之学。如关于对待物质利益的态度,儒家肯定人们对物质利益的正当追求,认为富与贵,都是人们所希望得到的,但是,对待物质利益,不可放纵欲念,没有节制,而要做到"欲而不贪",要掌握中和适度的原则,不能把物质利益作为人生的全部追求,更不能见利忘义,损人利己。

传统文化给我们提供的是一种大思想、大智慧,它认为,人的生命是有限的、短暂的,生死、富贵并不是人追求的终极目标,而道德学问的提升、人生境界的升华才是人追求的终极目标。因此,传统哲学把立德、立功、立言作为人生"不朽"的三件大事,把"德之不修,学之不讲,闻义不能徙,不善不能改"作为人生值得忧虑的大事,主张道德自律、修身养性、慎独。它要在纷繁多变的世界中寻找一处属于自己的精神家园和心灵港湾,要在功名利禄、醉生梦死的世界中寻找属于自己的"孔颜乐处"。在传统文化看来,只有寻找到了安身立命的本,才能实现平治天下的宏伟目标,因此,我们说,传统文化不在于一种有限的、狭隘的功利之用,而是一种人生之妙用、人生之大用,它可慰藉人的心灵、提升人的气质、涵养人的德性、纯洁人的情感、提升人的精神、开阔人的视野,可极大地提升中华传统文化的当代价值,最主要的是对我们自己的价值。

从来没有一个历史时代如此有条件认同并发扬改造中华传统文化。中国人民创造了自己的文化,这种文化传统又哺育了一代又一代的中国人。中国人爱好和平,在历史上,我们有过汉唐盛世,也有过近代的屈辱史。但这不能归罪于中国的文化,而是经济的落后和政治的腐败造成的。现在的中国与历史上的中国迥然不同。中华传统文化是一个复合体,不只是儒家学说。要较好地完成这个光荣而艰巨的任务,必须充分认识传统文化的作用,这有利于马克思主义的中国化。社会主义精神文明建设的核心是思想建设,要用社会主义原则和共产主义理想教育人民。马克思主义是一种国际性学说,马克思主义要发挥指导作用,必须与各国的实际相结合。马克思主义要在中国生根并发挥作用必须中国化,即与中国的实际相结合,其中一个重要方面就是与中华传统文化相结合。

在精神文明建设中,中华传统文化对马克思主义中国化的作用尤其重要。因为精神文明的问题离不开传统文化,我们不能无视文化发展的连续性。马克思主义与中国传统文化相结合的根本点,是用马克思主义的立场、观点、方法来分析传统文化,取其精华,去其糟粕。

一个民族的文化是不可能抹掉的,它是历史的既成事实,不仅保存在各种经典传世之作中,而且积淀于人的价值观念、思维方式和生活方式之中。我们完全可以站在当代人的角度,在新的制度下用新的观点重新审视传统文化,从中吸取、理解和丰富马克思主义。马克思主义直接来源于德英法的哲学、经济学和社会主义思想的优秀成果。但中国的马克思主义者不能固守马克思主义的思想来源,必须结合本民族的文化传统。中国古代哲学中同样包含着丰富的唯物主义思想和无神论思想。

第五节　传统文化的融合

马克思主义中国化与中华传统文化现代化可以看作同一过程的两个方面。马克思主义不结合中华传统文化中的优秀精华难以中国化,而中华传统文化固守传统,拒绝接受以马克思主义的立场观点方法来进行研究发掘就不可能现代化。中华传统文化的现代化绝不是消灭传统,而是站在当代用马克思主义的方法对传统文化进行再思考,在新的社会主义条件下延伸传统、更新传统、丰富传统。传统文化所凝聚成的民族精神是激励和凝聚全国各族人民的重要力量,博大精深的中华传统文化是我们民族的骄傲,是中华民族的共同财富,对一个民族来说,历史发展的精神动力首推民族精神。它可以激发民族成员的爱好和平、归属意识、进取意识、奋斗意识,凝聚社会各方面的力量,形成推动社会前进的强大动力。有没有高昂的民族精神,是衡量一个国家综合国力强弱的重要尺度。综合国力,主要是经济实力、技术实力,这种物质力量是基础,但也离不开民族精神、民族凝聚力,精神力量也是综合国力的重要组成部分。民族精神是一个民族生存和发展的精神支柱。一个民族如果没有振奋的精神状态和高尚的思想品格,就不可能屹立于世界民族之林。

中华民族在五千年的历史发展中,形成了以爱国主义为核心的团结统一、勤劳勇敢、爱好和平、自强不息的伟大民族精神。中华传统文化培育了中华民族精神,而中华民族精神促进了优秀文化的发展,二者相辅相成、相互促进。中华民族是具有伟大精神的民族,其民族精神是一个民族的脊梁,是一个民族自尊心和自信心的力量源泉,是中华民族生存发展的强大精神支柱。千百年来,人们饱尝艰辛,千锤百炼,靠的就是这种民族精神,靠的就是各族人民的团结奋斗。越是困难的时刻,越要大力弘扬民族精神,越要大力增强中华民族的民族凝聚力。中华传统文化是构建和谐社会的思想源泉。传统文化中"和而不同"的传统,是构建普遍和谐的社会关系。"和合"这个文化概念源于"天人合一"的观念,体现了中华文化对生命价值的尊重和对和谐理想的追求。孔子这一宝贵的思想要求我们积极看待差异和矛盾,并发挥各自特点和积极作用,在此基础上实现整体的和谐与发展。

我国历来是由多民族组成的,中华民族在历史上就形成了"多元一体"的格局,形成了色彩多样、内涵丰富的社会,证明了"和而不同"思想的正确与可贵。在构建和谐社会过程中,在处理群众之间、党群之间、民族之间的矛盾时,都应本着"和而不同"的原则,通过耐心细致的工作,最终实现和谐共处。

传统文化中"天人合一"的传统,是统筹协调人与自然关系的关键。工业革命以来,人类对自然的破坏,人与自然的对立已经到了相当严重的程度。资源与环境问题困扰着全世界,我国也在这个问题上承受着巨大的压力。走到今天,人类应该在所谓"征服自然"的问题上转变思路。"天人合一"的理念统摄了整个中国传统文化,规定了中国人的价值取向和行为模式。"天人合一"强调主客观的统一,主张有机、整体地去看待天地间的万事万物。古人这一热爱自然、平等对待自然的思想是宝贵的,今天我们要把它发扬光大,推广到群众中去,实现人与自然的和谐发展。

此外,传统文化中"以和为贵"的思想、"以人为本"的理念等,都是构建和谐社会的思想源泉。我们应充分发掘传统文化的当代价值,发挥传统文化对构建和谐社会的推动作用。

第六节　中华传统体育健身在老龄化社会中的社会价值

中华传统体育健身项目是体育运动的重要组成部分,也是我国社会文化发展到一定程度必然要出现的体育现象和体育门类。传统体育健身与社会保持着密切的联系,既从社会实践中吸取了大量的营养和素材,同时又对社会发展产生了积极的促进作用,所以,研究传统体育健身一定要结合社会学的研究方法、途径和范围,进行社会学分析,尤其是传统体育健身社会层面的价值和作用对于老龄化社会发展具有重要意义。

一、中华传统体育健身的社会价值

传统体育健身可以降低个人和社会的医疗费用投入。调查结果显示,经常参与传统体育健身锻炼的人群,其支出的医疗费用明显低于不经常锻炼的人群,同时,在经常锻炼的人群中,中老年群体占据了很大比例,相对而言,其经济收入水平较低,传统体育健身降低了他们的医疗费用,也就相当于增加了他们的收入,可在一定程度上缓解个人或家庭的经济负担。

大力发展中华传统体育健身,可以满足人们健身防病的需要,提高人们的整体身体素质,提高身体健康水平和心理健康质量。这样,不仅降低了个人、地区、国家的医疗投入费用,同时也提高了工作效率,有利于社会的不断发展,为中华民族的伟大复兴奠定基础。

二、中华传统体育健身的社会作用

(一)中华传统体育健身可以有效缓解社会矛盾

和谐社会首先是人的和谐,人只有在"和"的状态下,生命才能得到顺畅、理想的发展。传统体育健身是我国全民健身运动的重要内容,可以有效增进人与人之间的和睦关系,和谐睦邻友好。传统体育健身以追求人的身心平衡发展为原则,注重人体心理与生理之间的健康关系,注重人与环境、人与自然、人与人之间的和谐关系,符合中国人的处事原则、思维方式和审美要求,占据着全民健身运动的重要位置。

传统体育健身要求心情舒畅,注重个体涵养的增加和个人修为的不断提升,可以使人们和睦相处。传统体育健身的过程,也就是从人自身的"和",进入到人与社会、人与自然"和"的过程。社会离不开健康,健康离不开体育,体育的发展目标是终身体育、快乐体育,传统体育健身正是终身体育、快乐体育发展中的一个典范,人们在进行传统体育健身锻炼的同时,渗透了中华民族和美、和气、和满的思想内涵,它可以促进人的全面发展,培养美德,磨炼意志,由个体到全社会素质的提升,推动社会向着更高的阶段发展,为和谐社会的实现增砖添瓦。

在现代社会里,传统体育健身受到前所未有的重视,其健身的科学性也大大提高,体系更加完善,内容更加充实,对社会的影响也不断加深。传统体育健身活动方式广泛适于不同年龄段、不同体质的人群,是健康长寿的一大法宝。

我国正处在社会大发展的关键时期,也是转折时期,人们承受着不同程度的心理压力。面对这种压力,如果人长时间得不到缓解或者释放,就会产生如失眠、精神失常、工作能力下降等各种问题,积累到一定程度甚至会发生暴力冲突或者违法行为等,就会给我国的精神文明建设带来很大困扰。

传统体育健身能让练习者保持身体和心理上的自然状态,调理,释放压力,保持心理上的健康,达到心平气和的良好身心状态,从而创造一个健康、幸福、愉快的人生。实践证明,传统体育健身可以在上述方面发挥独特的作用,起到缓解社会压力的效果。

(二)中华传统体育健身可以有效延缓衰老,增强体质

21 世纪我国已经进入老龄化社会,种种压力给社会带来了巨大的冲击,而且这种冲击下的负面作用日益显现。因此,全社会必须要解决的问题就是:寻求精简有效的体育锻炼方式,保持充沛的体力和精力,提高工作效率和心理承受力,以及预防疾病和延缓衰老。

传统体育健身一直把道德的修养、精神文明的建设放在首位,讲究"心身并练""形神兼备",传统体育健身不仅追求健身的效果,还注重健心的结果;不仅讲求"性命双修",而且讲求涵养道德。传统体育健身把涵养道德、与人为善作为修炼健身的重要技术要素,要求练习者首先要做到净化心灵、排除杂念,具有超脱世俗的意境,这样才能在传统体育健身项目的练习中精神贯注、思想集中,从肢体外形的运动中影响气质,修德而悟道,最终使练习者达到修身养性、增强体质的良好效果。

(三)开展中华传统体育健身有利于促进人民健康

随着生活水平的不断提高,人们比以往更加注重生活的质量,拥有健康、快乐的生活方式已经成为社会的共识。但是,我国作为一个发展中国家,社会生活的很多方面还处于较低水平,其中包括群众体育工作,尤其是中老年人群体的体育工作。我国是世界上老年人口最多的国家,占世界老年人口的五分之一,而且每年以 3.2% 的速度增长,现在我国 60 岁以上的老年人已达到 1.3 亿人之多。由于历史的原因,大多数老年人的经济收入并不高,是未富先老,怎样有效增进老年人的身心健康、减轻他们的生活负担,成为摆在人们面前的沉重课题。传统体育健身具有动作舒缓、强度不大、好学易练、场地简单等特点,实践证明,传统体育健身有一定的强身健体效果,非常适合老年人练习。因此,作为一种低投入、高受益的健康投资,传统体育健身日益受到中老年人的青睐。传统体育健身是具有独特功效、行之有效的民族传统健身项目,主张动静结合、内外兼修,通过各种动作与姿势,舒展肢体,活络筋骨,外动内静,调和气息,宁心安神,从整体上对人的精、气、神进行调理。传统体育健身能够祛病健身,对于慢性病和疑难病症,尤其是身心疾病更是功效卓著,它并不针对病因或病灶,而是通过增强机体的自我调节功能激发自愈能力,进而达到祛病、健身之目的。传统体育健身还注重

社会环境和个人心理的作用,更符合新的健康理念和新的医学模式。

传统体育健身注重环境因素对练功效果的影响,重视练功者保持平稳的心态及和谐的人际社会关系。这种将生理、心理、社会乃至环境因素结合在一起的理念,与健康概念的四要素定义,与生理、心理、社会因素三结合的新医学模式的要求相一致。传统体育健身能够广泛影响人体各个系统的机能,加强自我调节功能,改善免疫能力,激发人体的自愈能力,帮助病弱机体重新回到健康状态。传统体育健身祛病健身,不仅具有简、便、廉、验的特点,而且能使患者摆脱临床治疗中的从属和被动,最大限度地发挥人的主观能动性,在中西医合理的配合下,减少对药物和医疗器械的依赖,减少医源性疾病的传播概率。

传统体育健身锻炼能够促进人体内精、气、神不断充盈,逐渐达到精充、气足、神旺,精气充足则脏腑组织器官功能健全,神旺则大脑和免疫功能健旺,还能做到无病可强身健体,有病可治疗康复,最终达到养生保健、抗老防衰的目的。从参加传统体育健身锻炼的实践情况看,人们参加锻炼的主要目的是增强体质、预防疾病、延年益寿、陶冶情操。概括起来,都是为了健康和抗老防衰。研究显示,传统体育健身锻炼不仅对中老年人的身体形态、生理机能、身体基本素质、免疫机能以及物质和能量代谢等方面产生良好的改善作用,还可以有效改善人的心理品质,很多心理学指标如自测身体状况、器官功能、正向情绪认知功能、心理健康子量表、自测健康总评分等,与未练习者相比都出现显著性差异。因此,传统体育健身是人们喜爱的运动项目之一,有着广泛的群众基础,越来越受到国家和社会各方面的重视。

(四)开展中华传统体育健身有利于构建和谐社会

我们建设社会主义和谐社会,离不开对中国传统文化思想的传承和弘扬,不仅要充分挖掘传统体育健身文化,还要吸收其他文化的合理成分,这对于构建和谐社会有着积极的推动作用。

社会主义和谐社会的构建是一项复杂的系统工程,不是一朝一夕就能建成的,需要社会方方面面共同努力。人与自然和谐相处,是构建社会主义和谐社会的重要内容。而体育作为文化现象,从来就有倡导公正、强调规则、平和心态、陶冶性情的社会功能,是社会和谐的催化剂与推动力。

广泛开展全民健身活动,提高全民族的健康素质,是构建社会主义和谐社会的必然要求。如果社会的每个角落都充满和谐,那么整个社会的和谐就有了基础,社会主义和谐社会就有了强有力的支撑和保障。

　　中华传统体育健身具有深厚的中华传统文化底蕴,它倡导的"天人合一"思想在一定程度上反映了广大人民群众对美好生活的向往和追求,体现了人与自然和谐、人体内在和谐的理念。和谐社会不仅要做到人与人、人与社会的和谐,而且要做到人与自然的和谐。传统体育健身对实现社会主义和谐社会具有特殊的意义,同时,以人为本是构建社会主义和谐社会的重要标志。以人为本的社会,一个很重要的方面,就是要不断满足我国广大人民群众日益增长的物质文化需要。

　　传统体育健身简便易学,深受中老年人的喜爱。推广传统体育健身项目,就是为了满足不同人群多元化的健身需求,也是以人为本理念的实际体现。

　　在动荡不安、混乱无序的状态下,人民群众不可能安居乐业,和谐社会的建设就无从谈起。传统体育健身既起着强身健体的作用,又担负着正面引导、化解矛盾、占领阵地和维护社会稳定的重要职能。这种职能的充分发挥,本身就是建设安定有序社会的应有之义。安定有序是构建社会主义和谐社会的必要条件。一个安定有序的社会,本身就是不同利益群体各尽其能、各得其所而又和谐相处的表现。传统体育健身发展好对增强人民体质、推动社会稳定进步有积极的推动作用;反之,不仅危害人民群众的身心健康,而且会对社会稳定造成危害。

第七节　中华传统体育健身的哲学思考

　　"体育是全世界人类健康之工具,是育人之道,是民族之气。"中华民族传统体育项目发展的历史源远流长,内聚了中华民族几千年的体育文化。伴随着人类文化的发展,体育文化业已成为整个人类文化的有机组成部分。中华传统体育健身项目蕴涵了中华民族的智慧精华,是中华民族的艺术瑰宝,中华儿女应大力弘扬、推广、发展。

　　立足于中华传统体育健身项目的文化哲学内涵的研究,力求挖掘出中华传统体育健身项目在文化哲学层面上的深刻内涵,展示民族体育之智慧,进而为进一步推动中华传统体育"立足国内、面向海外"之目标的实现提供哲学理论基础。如何以传统体育为线索,把握中国传统文化的深刻内涵;如何以中国传统文化为桥梁,在全世界范围内弘扬中华传统体育,从而使中华传统体育能够长盛不衰,为人类文明做出更大的贡献,是摆在研究者面前的重要课题。

　　在中华民族几千年的文明史中,体育一直显现着耀眼的光芒,古就有蹴鞠击鞠、武舞田猎、摔跤武术等,现代中国体育的实力更在国际体育竞技的各个领域得以展现。

尤其是 2008 年奥运会的成功举办,不仅体现了我国在当代国际体坛的强大实力,而且显示了中华传统体育文化的无穷魅力。

体育本身就是一种文化,是民族大文化的范畴,是整个人类文化的有机组成部分。长期以来,我们对传统体育中中华传统文化内涵的认识还很薄弱,有些建树抑或是散见于一些零散的文章,或是仅从体育与历史的角度进行比较,而深入讨论这一课题,对于如何在新时期弘扬民族传统体育,而且在世界舞台上展示其永恒的魅力与风采起着至关重要的作用。

因此本书从哲学思辨的层面上分析中华传统体育中的文化内涵,从形式和内容、一般与个别、原因和结果、可能与现实等方面进行探讨研究。限于笔者的知识水平,可能只是在较浅层面上进行探讨,但如能成为引玉之砖,为振兴弘扬中华民族传统体育事业奉献微薄之力,亦不失为人生一大幸事。

一、中华传统体育及其文化内涵

探讨中华传统体育中的文化内涵,首先要搞清楚什么是中华传统体育,以及什么是文化。

(一)中华传统体育之概览

传统体育,是指某一民族或几个民族在一定范围内所开展的,具有浓厚民族文化色彩和特征的传统体育活动。

就中华传统体育来讲,是以汉族文化为主体,融合多种民族文化形式的一种特殊文化形态,是各民族传统的养生、健身和娱乐体育活动的总称。

中华民族由 56 个民族组成,在长期的共处和交往中,各民族的传统体育文化也不断的融合,并在华夏大地交相辉映,共同发展。

传统体育的产生和发展与人类社会的进步和发展息息相关,密不可分。中华传统体育发展到今天,已具有相对稳定的形式、内涵和价值,这无不显示着中华传统文化的博大精深和各民族传统体育的强大生命力。

中华传统体育健身,有着悠久的历史和广泛的群众基础。体育本身来源于劳动人民生产和生活的需要,并直接服务于生产和社会劳动。传统体育生产的动因与需要有着直接的关系。任何社会现象,无不以社会的需要和人的需要作为其产生、存在和发展的依据。

据史料记载,早在原始社会末期,栖息在华夏大地的各部族之间的原始体育文化,相互间就有了交融。如黄帝部族的干戚舞,中原部族的消肿舞、击址等活动,逐渐为各部族所接受。在此基础上,经历了春秋战国时期少数民族"胡服骑射"的引入,唐代击鞠运动的发展,宋元明清时期蹴鞠的引入,以及从汉代就已经形成的武术、导引养生等。此外,中华传统体育除了具有本区域各民族体育的内容外,还包括了许多外国体育交流的内容。

(二)中华传统体育的特性

中华传统体育由于其深厚的历史积淀,形成了独特的形式与特点,是我国传统文化的重要组成部分。

1. 中华传统体育健身的民族性

中国古典美学范畴中的"风骨""气势""性灵""神韵""沉郁""婉约""豪放""意境",中华古典哲学中"气、理、心、性、言、意、道"等,无不渗透到传统体育之中。

2. 中华传统体育健身的延续性

中华传统体育在漫长的历史演变中,历尽沧桑,饱受磨难,却始终传承不绝,表现出强大的生命力。中国历代流传下来的文献典籍浩如烟海,无数的历史文物也为后人继承和发展传统体育提供了极其丰富的资料。所有这些都为中华传统体育的传播和延续奠定了坚实的物质基础,也使中华传统体育得以经久不衰。

3. 中华传统体育健身的观赏性

由于受儒家理性观的影响,中华传统体育极具观赏性。即使是竞技性运动也融入了造型美、体态美、节奏美、和谐美、意境美和服饰美。这种观赏性的特点,是中华民族精神气质的完美再现。

4. 中华传统体育健身的适应性

中华传统体育健身的适应性是中华传统体育科学性的体现具有结构多元的特点,既接近现代竞技体育的一般要求,同时也具备适应未来社会体育发展的需要。

5. 中华传统体育健身的多样性

中华传统体育的多源发生、多向发展、多元并存和多样统一,是传统体育文化发展的常态和一般规律。

中华传统体育健身具有多样性的特点。中国是一个由 56 个民族组成的国家,人群分布较广,环境、习性各异,经济、文化发展也不平衡,所有这些都造就传统体育在形式、内容上的多样性。据统计,现已知的传统体育项目达一千余种。

6.中华传统体育健身的科学性

中华传统体育健身是建立在人与自然和谐统一的基础上,把人与环境视为不断进行着物质、能量、信息交流的统一体,认为只有在身心统一的修炼中才能求得整体的强化。例如,武术强调"内外合一""形神兼备",养生术则强调保神、练气、养生的统一。所有这些都符合现代科学的研究成果,体现出极强的科学性。

(三)中华传统体育健身的文化内涵

文化一词在眼前是十分"时髦"的,几乎到了家喻户晓的地步,那么究竟文化的含义是什么?不同民族、不同国家对文化的理解又有何差异呢?

中西方文化观之对比,其实,从文献记载来看,"文化"一词出现于两千多年前,《周易》,大概是中国人论述"文化"的开始。此后,经历了历朝历代文人墨客的不断诠释,到清顾炎武《日知录》中总结为"自身而至于国家天下,制之为制度,发之为音容,莫非文也"。因此,中国古代"文化"指的是狭义的精神层面的范畴。

在西方,"文化"一词的意思是耕种、居住、练习、注意等,而在法文中,"文化"一词的本意是栽培、种植之意,但又引申为对人的性情的陶冶和思想品德的培养。这里的含义就包含了对人的性情的陶冶和品德培养。这里的文化对人的物质培养和精神培养两个领域。可见西方的"文化"含义比中国古代"文化"的含义要广泛得多。1871年英国文化学家泰勒在《原始文化》一书中给"文化"下的定义是"包括知识、信仰、艺术、道德、法律、习俗和任何人作为一名社会成员而获得的能力和习惯在内的复杂整体"。

虽然中西方的文化观有一定差异,但核心内容是一样的,即文化是人的特征。有人才能创造文化。文化是人类智慧和创造力的体现。不同种、不同民族的人创造不同的文化。人创造了文化,也享受文化,同时也受文化的约束,最终又要不断改造文化。

二、对中华传统文化的哲学理解

数千年来,中国传统文化不仅在中国历史上发扬光大,而且通过汉代开辟的"丝绸之路"传播到了西方。随着中国加入世界贸易组织、成功举办2008年奥运会等一系列重大事件,在全世界兴起了一股"中国文化热"。汉语在世界范围内成为学习热门,京剧得到西方艺术界的普遍认同,烹饪技术令所有尝过中国菜的国际友人连连叫绝,武术也被批准为奥运会表演项目。

　　然而,当国际社会对中华传统文化日益关注的时候,我们也应该认真总结、回顾一下中华传统文化的真正含义。但是,我们并不真正了解中华传统文化。在很长一段时期,人们的注意力集中在阶级斗争或经济建设上,对于历史文化不仅没有加以继承,反而进行了破坏,对中华传统文化的宣传和评价在很长一段时间里成了空白。实际上要真正继续并发扬中华传统文化并不是一件容易的事。

　　简要总结,中华传统文化具有以下几个特点:

　　一是统一性。在历史发展的长河中,中华传统文化逐渐形成了一个以华夏文化为中心,同时汇聚了各民族文化的统一体。这个统一体发挥了强有力的凝聚作用,在任何时刻都未曾分裂、瓦解过。

　　二是连续性。中华传统文化从未中断过,无论是文化、历史,还是我们现在要探讨的传统体育,都具有这一特点。

　　三是包容性。这是指中华传统文化不仅将本国各民族的文化流派整合为一体,而且,对外来文化也兼容并取,扬弃地加以吸收。

　　四是多样性。中国地大物博,民族、人口众多,整个中华传统文化的组成十分丰富。如历史上形成的楚文化、晋文化、秦文化、燕赵文化、齐鲁文化、巴蜀文化等。

　　上述四个特性只是部分概括了中华传统文化的特点,但由此不难看出这四个特点正体现了哲学的对立统一规律和普遍联系原理。连续性、包容性反映了事物发长过程中始终存在着对立和统一、一般与特殊的关系。

　　正是中华传统文化存在着普遍性,因此可以说中华传统文化对中华传统体育的发展、演变起着重要的作用。

(一)中华传统文化在群众体育领域的体现

　　群众体育项目是相对于竞技体育而言的,即参加训练的人(实践主体)对所参加的项目(实践客体)是一种自觉的活动,是为了满足身心发展的需求。

　　不论是养生术、武术、游泳、跳水、摔跤,还是各种棋类、球类活动,只要是广大群众喜闻乐见的体育活动,都会有广泛的参加群体。中华传统文化在这当中所起的作用就是传统的养生意识、强调人与自然和谐统一的"天人合一"观等。当传统文化与体育本身所具备的健身功能、娱乐功能、教育功表演功能相结合以后,其参加范围之广泛、活动内容之丰富,远非竞技体育所能比拟。以武术为例,由于其中蕴含了丰富的传统文化因素,在强调体艺结合、内外兼修,追求"天人合一"等思想的支配下,参加者早已不再单纯为习武强身,更多的是追求一种精神,磨炼一种意志。

(二)传统文化体育的意义

传统体育是我国传统文化的重要组成部分。建设有中国特色的体育事业,传统体育是必不可少的内容,实现中国体育事业的腾飞,弘扬传统体育文化,振奋民族精神,提高民族自尊心和自信心是基础和前提。正确处理好继承和借鉴的关系,让传统体育更好地为现代社会服务,为繁荣和发展世界体育文化服务是方向和任务。

三、中华传统文化与中华传统体育健身之间的相互影响

中华传统体育健身根植于中华传统文化的肥沃土壤里,散发着独特的魅力。虽然这是必然的结果,但当我们用时代的视角来重新审视这一现象时,就不得不深度分析其中的积极因素与消极因素了。

(一)中华传统文化对传统体育发展的积极影响

诚然,中华传统文化的根源是文明、善良的、这也是其绵绵不断传延至今的根本动因。通过对这些积极因素的挖掘,可以使我们在弘扬传统体育的同时,更紧密地把握传统文化的深刻内涵。

儒家学派可以说是中国传统文化史上的第一学说,在中国五千年的文明史中儒家学派起着不可替代的作用。谈到儒家,就必须讲一下它的创始人孔子。在孔子的哲学思想中,"仁""礼"是核心内容。孔子说仁者要"爱人",即人与人之间要彼此相爱。要"推己及人",一方面要"己欲立而立人,己欲达而达人",另一方面要"己所不欲,勿施于人",在治国治家方面,要"克己复礼",以礼治国、以礼治家,儒家学派的另一巨匠孟子,进一步提出了"性善"和"良知",重视主观精神的修养,它提出要养"浩然之气",以达到"富贵不能淫,贫贱不能移,威武不能屈"的境界,在儒家文化的影响下传统体育也突出体现了以下几方面特点:循规守礼,传统体育活动中特别注重礼的体现。不仅在比赛过程中强调要"礼为上",而且有些比赛的规矩也突出了礼的因素,如盛行于唐代的"十五柱球戏"柱子上就分别标有"仁、义、礼、智、信、温、良、恭、俭、让"等红球和"傲、慢、佞、贪、烂"等黑字,木球击中红球者为胜,击中黑球者为败,这一小小游戏过程充分反映了娱乐活动中的道德规范和价值观念,而这些观念和规范至今仍然在诸多领域影响着中华传统体育的发展。

儒家学派的重要代表之一孟子主张人要"修身养性",以追求圣贤理想人格为目标,以"修身、齐家、治国平天下"为修行方法,因此,在中国传统体育的发展中注重内

功、心性的修炼占据了很大成分,这也正是中国传统体育区别于西方体育的根本,西方体育注重人体美、追求力量、速度等定时、定量的运动规程和规范化的运动模式,中国传统体育则以其深层次的哲学思想,完美的艺术形象辉耀于世,以武术和养生术为例,都以内在修为作为修炼的最高境界,与此同时,体育毕竟是一种外向性活动,无论是武术还是养生术,都将形体美作为练习的重要内容之一所以,受儒家内外兼修思想的影响,注重形式与内容的和谐统一是中华传统体育的突出特色。

"天人合一"是中国古代文化对人与自然关系的独特看法,与西方传统文化体系的主流将自然看作同人不可调和的对立物,努力去征服和战胜自然。相反,中国传统文化从多种崇拜的立场出发,把自然和人看作一个有机的整体,追求人与自然、与客观世界的和谐统一。中国历史上,儒家道家都对"天人合一"有着自己的论述,孟子有"诚者,天之道也,思诚者,人之道也""知性则知天"的观点,道家则反对儒学的"道家之天",开拓出一条自然主义之路,庄子在发展老子"道德自然"的基础上,强调"天地与我并生,万物与我为。同样也得出了"天人冥合"的结论,尔后,儒道各家因袭相承,各映其辉,不同的思想家们进行着各自的理论创造,但在天人之辩,即人与世界的关系问题上,仍共同聚拢于道家"天人合一"的基本点上。

"天人合一"观主要包括这样几层含义:

第一,天地为万物之父母,人为天地所生,是自然的一部分,自然界是人赖以生存的根本条件。

第二,自然界有普遍的规律,阴阳相互作用、相互推移是自然界的本性,人们应该遵循"天"的变化服从自然规律。

第三,将自然人性化、道德化,主张"天道"与人性、人道的同强调道德原则与自然规律的一致性,即"人法地、地法天、天法道、道法自然"。

第四,人生的理想是天人的和谐,人与万物应"并育而不伤害",把承认天人区别基础上的二者自觉统一,看作人的最高觉悟和理想境界。

第五,人的主观能动性在自然界中可作用于天,人们只有抱有刚健有为、自强不息的生活态度,并通过努力奋斗,方能达到物我一体的高度。

"天人合一"中所谓的"天",并不仅指人类社会之外的天然之物,而是人发生作用的整个世界,"天人合一"是人同整个世界的协调统一。

"天人合一"是中国传统哲学的一个基本观点,尽管这一命题逃脱不了时代的局限,包含着臆想、偏颇的见解,甚至糟粕的成分,特别是具有浓重的道德色彩,但从整体上看,它生动揭示了包括人在内的宇宙的辩证统一和协调性,表现了清雅淡泊的人文精神和超越现实的理性追求。它对中国古代历史的思想文化产生了极其广泛的影响，也为中国古代体育打上了鲜明的印记。"天人合一"观影响着中国古代体育的基本流向，是通过进行天人和身心的平衡调节，强调性命双修、心身并育、内外结合、动静相生、阴阳消长、谋求人同外界在和谐中进行物质与能量的交换，以获得人体功能的整体优化。源远流长的中华武术、气功，独具特色的养生健身运动等传统体育项目无不浸润着"天人合一"的意蕴。

美，就其存在方式而言是客观存在的社会现象，就其存在的特征而言是能够引起人审美感情的具体形象。凡是美的事物都是以感性形象感染人。不同国家地区的人们由于生活环境不同、文化传统不同，审美意识也就会各具风格。中华民族在几千年的繁衍发展中形成了自己独特的审美观，这种审美观渗透到社会文化的各个领域，而传统体育也不例外。

注重形体美。无论是传统体育中最重要的组成部分武术，还是养生术、杂技都将形体美作为修炼的重要内容。应该说，传统体育从其出现之日就同舞蹈等艺术形式集合在一起。1973 年在青海省大通县上孙家寨的一座葬墓中，出土了距今 4500 年的彩陶盆，喷上绘有 5 人一组共三组的舞人在翩翩起舞，这被认为是最古老的描绘体育舞蹈活动的场面之一。武术运动，在其漫长的发展过程中逐渐形成了各具特色的不同门派，然而，无论哪个门派都十分注重形体美的锻炼。长拳舒展大方，南拳刚劲有力，太极拳柔和连贯、轻灵沉着。

兼顾心灵美。前面谈到过中国传统体育注重"内外兼修"的特点，而内功修为当中的很大一部分是思想品德的提高、磨砺。无论是孟子的"性善说"，还是老庄的"兼爱"思想，都教导人们要注重心灵美的锻炼。以武术为例，一个习武之人，若要在武林称雄，不仅要有精湛的武艺，更应具备德高望重的武德。否则，光靠武艺高强，而没有好的德行，是为武林人所不齿的。

审美是主观作用于客观的实践活动，是直接受审美主体主观意识所决定的，中华民族五千年间形成的传统审美意识，使得传统体育始终展示着自内而外的美学效果。

（二）中华传统文化对传统体育发展的消极影响

在探讨了中华传统文化对于中国传统体育从形式到内容所具有的积极影响后，我们再探讨一下传统文化中的消极因素对传统体育的负面影响。

1.传统等级制度对传统体育发展的制约

儒家的"仁、义、礼、智、信"虽然似的传统体育始终体现这温文尔雅、虚敬的良好体育道德的规范,但同时也制约了民族传统体育的发展,以西周时期的"礼射"为例,"礼射"根据比赛的级别分为"大射""宾射""燕射""乡射",不同级别使用不同的弓、箭、箭靶和射箭时的配乐,等级分明,礼仪烦琐。上下级交手时,下级必须礼让,否则便是大逆不道。同样,上级若是技高一筹,也礼让三分。

2.道家"无为之治""小国寡民"思想的负面作用

老子"曲则全,枉则直,洼则盈,弊则新,少则多,多则感"的辩证法思想,虽然在哲学上有其合理的方面,同时也起到了鼓吹消极退让、否定进步的负面作用,体现在传统体育的影响上就是不求进取、苟且求安的懦弱思想。老子之后的庄子提出"死生如一""心摘""坐忘"等修行之道。既然人们视生死为一样,追求安时顺处,那么还参加激烈、费力的体育活动干什么呢?

同时,道家主张"舍生取义"的信条,也促使传统体育在很大程度反映出"重利轻义"的特点。古代许多体育名宿,都以"义"字闻名天下,直到今天我们仍然认为运动员在国际比赛中的冠军只是"为国争光",而对于运动员拿奖金就有人认为是"不义之举"。所以,道家思想对于中国传统体育的传播和发展,对于今天推行体育产业化、市场化的改革思路有一定的阻碍作用。

3.传统价值观的影响

除了前面谈到的"重义轻利"现象外,中国传统价值哲学始终是以道德评价为准则,符合者为有价值,不符合者就是没有价值。因此,反映在传统体育中的就是重整体、轻个体,这与西方更注重个人价值实现的价值观截然相反。从古代中国就强调大一统,这种观念固然对统一多民族国家有着巨大的帮助,但由于这种观念太过深入人心,以至于人们习惯于个体服从乃至湮灭于整体之中,反映到传统体育中,就是个性教育受到压抑,技术的传承往往千篇一律,缺乏个人特色,对于求新求异往往加以打击。

传统价值哲学的重和谐、轻竞争倾向,也对传统体育产生了一定的负面影响。无论儒家还是道家都以"友谊第一,比赛第二""宁缺一球,不伤一人"为导向,即使在像武术这样的对抗性运动中,也只能是"点到为止",难以看到激烈的对抗场面。于是,当我国体育界与国际接轨的时候,我们的差距首先从思想上反映出来。

4.传统思维方式的封闭性、经验型对传统体育的影响

中华传统文化中的封闭性思维特点主要体现在人们的思想往往局限于固定的框架之中,缺乏与外界进行交流和接受新信息的主动性。这与自古以来形成的读圣贤之书、循圣贤之道有着密切的关系。很长一段时间内,中国的科举制度、道德规范、教育

模式等都灌输人们要循规蹈矩,不可异想天开。而这种封闭性思维方式对于传统体育传播、发展、推陈出新、借鉴外来先进经验等都产生了或多或少的阻碍作用。

中华传统文化的经验性思维特点表现在重直观经验,轻理性论证。所谓经验性思维,是指人脑对经验材料进行搜集、分析、选择、整理的过程,它只是把握对象的大致轮廓,获得初步的认识(至少从表面上看是如此)。我国历史上曾经出现过的传统体育项目不胜枚举,仅武术一项就有一千种小项目(包括拳、械),而现在流失了一半以上。许多传统体育品种虽然流传下来,但多是通过口传身授,使得传播的范围受到极大制约。这反映了我们长期缺乏对经验的总结和提炼。为了发扬光大传统体育,我们必须学会理论思维方式,加强对传统体育理论的研究和总结。

四、中华传统体育的现代展望

(一)关于体育文化的哲学思考

如果从哲学的方法抽象地认识体育,那么体育就是对体能的培养。体能是人类在征服自然、改造自然过程中求生存、谋发展的基本条件。丧失体能的人就像丧失了自我生存的前提,更谈不上征服自然了。求生存、谋发展是人生的根本目的,在此过程中是会产生需要的。一方面,人的需要是人追求自己想要的对象的本质力量,是通过人的自觉的实践活动产生和发展的;另一方面,人的实践活动和人的社会关系本身又构成了人的需要的主要内容。心理学家马斯洛提出,人类价值体系中有两类需要,一类是延生物系谱上升的逐渐变弱的本能需要,成为低级需要或生理需要;另一类是随生物的进化而逐渐反映出来的潜能,成为高级需要或心理需要。按照马斯洛的观点,人类在求生存、谋发展的过程中就要产生和逐渐满足这些需要,在此过程中必须要产生一种经验的积累。这些人类求生存、谋发展的经验的积累经过总结就形成了文化。

人类在满足自身需要的过程中,必须把体能作为前提条件,而对体能培养的经验总结就是体育文化。体育文化作为人类文化的一个组成部分,上升到理论的,构成精神文化的一部分,具体传习的则构成了文化实践的一部分。其中,作为精神文化部分的内容,如理论观点、目前的任务、方针政策、管理制度等属于社会意识形态范畴,所以,往往带有民族性、阶级性,离不开全社会的政治、宗教、艺术等其他文化现象的制约与影响。体育文化的最高境界,就是人类为了共同的目的,按照统一的方针政策,实行统一的管理制度来开展体育活动,这种统一的模式就是全人类的体育文明,也即现代奥林匹克精神的完美体现。

中华传统体育中,是世界体育文化的重要组成部分,是实现奥林匹克精神过程中所必需的途径。挖掘、整理传统文化在体育领域的内涵和精髓,不仅是完全可以的,而且是十分必要的。

充分发挥中华传统文化在传统体育发展中的积极作用。在当今,如何处理好传统体育与中华传统文化之间的关系,在全世界范围内弘扬传统体育,从而使传统体育事业能够长盛不衰,为人类文明作出更大的贡献。

(二)如何处理好中华传统体育与中国传统文化的关系

中国传统文化和中华传统体育都属于社会意识范畴,要深切把握其精髓,处理好两者之间的关系,就必须从中国社会的历史和现实出发加以研究。

1.以传统体育为线索,把握中华传统文化的深刻内涵

作为中华传统文化重要组成部分的传统体育,在中国历史长河中始终发挥着独特的作用。通过探寻传统体育的发展历程,我们深切感受到中国传统文化在其中发挥的潜移默化的作用,中华传统体育在世界范围通过展示其自身魅力而不断得到挖掘。

在华夏大地上,传统体育能够传播至今也经历了复杂曲折的历程。在不同时代、不同环境、不同社会背景下,其发展规律也是不同的。因此,通过对传统体育技术的挖掘整理、寻根溯源,必定能够将蕴含其中的中华传统文化瑰宝展示于世。

以传统体育中的重要组成部分"中华养生术"为例。从先秦时期就诞生了"养生气功法",《三代吉金文存》中有"行气,吞则蓄,蓄则伸,伸则下,下则定……"的记载。此外,在这一时期的思想家们都非常关注养生术,其中最主要是庄子,《庄子》中有"吹嘘呼吸,吐故纳新,熊经鸟伸,为寿而已……"的记载。在《养生主》中以其消极辩证法思想为指导,提出几条养生原则:

第一,不主张积极的求知,认为"吾生也有涯而知也无涯,以有涯随无涯,殆矣"。他认为人要珍惜生命,不应该用有限的生命去追求无限的知识。

第二,以"庖丁解牛"为例说明养生要"依乎天理","因其固然"。

第三,主张无须追求肉身的永生,即"指穷于为薪,火不知其尽也"。阐明养生以求其不尽是不可能的。

孔子也有不少关于养生之道的论述,如西汉刘向《说苑》中所记载:"鲁哀公问于孔子曰:'有智者寿乎?'孔子曰:'然,人有三命而非命也,人自取之。夫寝处有时,饮食不节,佚劳过度者,疾共杀之。'"这里,孔子向人们建议:一要寝处有时;二要饮食有节;三要佚劳适度。从这些方面来看,其养生方法在当时是进步的、科学的。

秦汉时期,养生术进一步达到比较完善的程度,从出土的《养生方》《导引图》上看,具备了完整的养生之道和锻炼方法。尤其是华佗的"五禽戏",是导引术的精品。此后,经历了唐代孙思邈《千金药方》中的导引术、宋代发明的"八段锦"、明清时期的"易筋经"等养生方法的演变,使得中华养生术成为一个完整的体系。而伴随着发展的中华传统文化在养生术的形成过程中发挥着精神核心作用。

从上面的例子不难看出,通过探究中华传统体育的发展历程,应该,也一定能够把握其中所蕴含的中华传统文化在不同时代所提倡的精神实质。这对于我们深入挖掘中华传统文化的深刻内涵有着极其重大的帮助。

2. 以中华传统文化为桥梁,弘扬传统体育

中国传统文化是劳动人民生产实践活动的精神积淀,是整个中华民族智慧和创造力的结晶。21世纪是信息时代,国际交往更加频繁,中华传统文化在世界范围内传播更加迅速,影响也更加广泛,尤其是随着中国加入世界贸易组织,我国在国际舞台上的地位不断提高,世界上越来越多的人对中国文化产生了兴趣。

对于中华传统文化重要组成部分的传统体育而言,这是一个难得的发展机遇,如果我们能够以中华传统文化为桥梁,传统体育在全世界范围传播就一定会成为现实。在中国历史上,我国同其他国家的交往中始终有传统体育的内容。

中华人民共和国成立后,我国政府也通过体育交流来与一些国家建立了联系,如著名的"乒乓外交"就是我国开展体育外交的成功事例。近年来,德国慕尼黑附近的一个小镇特福特,每年都要举办中国文化节。其间,舞龙、舞狮等活动十分热闹。其实这就是传统体育借助中华传统文化进行传播发展的绝好范例。

所以说,传统体育必须借助中华传统文化的深厚土壤,才能不断焕发出新的生命力。

3. 中华传统体育的现代展望

中华传统体育是中华文化的瑰宝,其以浓厚的民族文化底蕴和特征,不仅受到我国人民的厚爱,而且深受全世界人民的喜爱。伴随着全球化、国际化的趋势,中国传统体育也面临国际化、全球化的问题。

作为高等院校中新兴专业的传统体育在人才培养方式和教育理念上只有做到高起点,才能培养出高素质的人才。发展我国传统体育事业,加速中华传统体育走向世界,均具有极其重要的现实意义和理论意义。伴随着体育社会化、产业化改革以及全民健身计划的顺利实施,特别是北京成功举办2008年奥运会和教育全球化的不断发

展,对于加速中华传统体育走向世界创造了极好的时机。

总之,作为人类体育文化重要组成部分的中华传统体育,是中华民族五千年来在谋生存、求发展过程中的实践总结。深受传统文化影响的传统体育,在自身的发展历程中不仅受到中国古代先哲的引导,而且融入一系列外来文化的神韵。在 21 世纪的今天,我们如何对待传统体育,是淡化还是强化? 是循规蹈矩的继承还是兼容并包的吸收? 是任其自然发展还是主动去探索? 笔者认为,只要我们不因循守旧、盲目自满,不拒绝和排斥外来文化的优秀部分,同时,也不崇洋媚外,不照抄照搬人家的一切,而是实事求是地分析,扬弃地加以继承,传统体育事业和其中所蕴含的传统文化精神就一定能长盛不衰。

第八节   提升传统体育健身文化软实力的策略

一、提升对中华传统体育健身文化自身价值的认同

文化是一个民族的特殊符号,是一个民族区别于其他民族的重要标志,是民族历史传承的核心和纽带。文化认同是世界对本民族长期发展的基本价值的肯定,是民族的精神支柱,也是民族生命体得以延续发展的根本基础。在经济全球化时代,对本民族文化的认同业已成为一个国家屹立于世界民族之林的软实力之一,其重要性是无可替代的。

传统体育健身作为中华传统文化的载体,要充分运用自身的运动形式和文化内涵推动文化的传承和发展,让更多的人能够深入了解中华传统文化,从而提升民族文化的自信和自尊,提升对中华传统健身文化乃至中华优秀传统文化的价值认同。

二、构建科学、合理、内涵发展的传统体育人才培养体系

民族的强大,国家的复兴离不开人才的支持,人才的培养和储备是一个国家和民族发展的动力。传统体育项目的传承要以人为本,强化对专业人才的培养和塑造。高校是人才培养的摇篮,要立足老龄化社会的大环境、大背景,科学、合理地设置符合社会需求的专业人才培养课程,特别是传统养生课程,为培养有利于服务老龄化社会的人才奠定基础。将课堂教学和社会需求相结合,立足于服务社会和文化传承与传播,

将文化传承深入实际教育教学中,在实践中检验课堂教学,在课堂教学中贯穿社会实践。同时,加大政府扶持的力度和社会群体的参与度,构建科学、合理的人才培养体系,从高校到社区要协调一致,共同发展。

三、加强技术与文化的融合,促进文化渗透和交流

传统体育健身以其外在技术形式展示民族文化的内涵,所以技术传播者首先必须具备过硬的技术素养,同时还要具备很好的民族文化素养,尤其是对外专业领域的传承和翻译,达到能"练"、能"教"、能"对外",能够透过技术层面渗透传统体育文化的基础理论和中华传统文化的内涵,加强对外交流,充分利用高校组织的国际、国内交流的机会,以技术为载体、以传统文化传播为核心,扩大民族传统文化的影响力,从而实现由"表"到"里"的文化渗透,最终达到传播养生文化、提高中华传统文化在世界文化领域的软实力。

第六章　天津市发展传统体育健身的现状及策略

　　传统体育健身具有悠久的历史和深厚的文化底蕴,并且随着人们对体育文化认识的不断深入以及对健康的重视,传统体育项目在健身、娱乐等方面的作用愈发突出。因此,推广传统体育健身对于继承中华传统文化遗产、弘扬中华民族体育文化具有重要意义。传统体育健身作为一种锻炼方法,具有深厚的群众基础,在开展和深化全民健身计划中发挥着重要作用。另外,传统体育健身作为很多高校的正式教学课程对于全面推进学生素质教育也具有深远的影响。传统体育健身通过倡导先进文化对维护社会的稳定也起到了积极的作用。

　　根据国家体育总局的要求,天津市于2003年开始开展中华传统体育健身的试点工作,受到了广大市民、社区群体以及部分高校师生的一致推崇。但由于没有详细的关于近年来天津市传统体育健身发展现状的调查资料,天津市到目前为止还没有中华传统体育健身的长期发展规划。为弥补上述不足,本研究运用问卷调查法、文献资料法、访谈法以及数理统计法等研究方法对天津市开展中华传统体育健身的开展现状进行了调查。本研究的调查访谈对象包括四类人群:一是教授传统体育养生的部分天津市高校教师,尤其是教授传统体育健身的专业教师。二是天津市部分高校学生,均为学习过传统体育健身的在校学生。三是天津市传统体育健身站点练习群众。四是天津市体育局社会体育管理中心领导、传统体育健身活动站点管理层领导、传统体育健身专家、社会体育与社区体育方面的专家等。

　　高校调查内容主要包括:高校传统体育健身课程的设置情况、传统体育健身课程学时、教学的基本内容、师资学历水平、年龄状况、场地设施、学生对传统体育健身课程的了解程度、学习的基本状况、教师与学生对传统体育健身今后发展的意见和建议等。通过问卷调查发现传统体育健身在高校发展中要注意以下方面:师资专业化水平有待进一步提高;场地安排应该尽量做到适合该运动的基本特点;教学方法上要尽量适合学生的年龄特点;教材方面应该统一选用统编教材;理论与技术的分配比例上应该更加灵活;不同专业对学习的目标应该有不同的要求等。

　　在传统体育健身站点以及社区练习点开展的调查主要包括：练习人员的学历水平、性别、年龄、职业、练习效果与感受、对传统体育健身功法的看法、对传统体育健身发展的意见和建议、辅导员的基本情况等。统计结果显示：练习传统体育健身的人员在学历层次和职业构成上分布比较广泛，年龄上以退休人员尤其是高学历的退休人员所占比例较高。其意见和建议主要集中在辅导员水平和场地的使用上。从中提出：经过正规培训的辅导员不能满足练习人群的需求，对辅导员的水平存在一定的不信任感等，要求加大辅导员培训力度并提高辅导员的学历层次和专业水准。

　　管理人员以及专家的访谈内容主要包括：目前天津市传统体育健身发展中存在的问题、传统体育健身进一步推广、发展的思路以及天津市传统体育健身阶段性发展的意见和建议等。访谈结果显示：大家一致认为天津市在传统体育健身方面的发展趋势是好的，应该加大经费投入力度，多举办培训班和讲座以及交流比赛等。

　　根据调查结果，并结合全民健身计划、国家体育总局传统体育健身管理中心传统体育健身未来发展规划、天津市体育发展现状和未来体育发展的总体规划，提出了天津市传统体育健身的发展应明确发展目标和思路，加强发展网络体系建设的建议。

第一节　天津市发展传统体育健身的现状

　　天津作为直辖市，在开展中华传统体育健身研究方面具有一定的代表性。针对天津市部分具有代表性的高校、社区、健身站点对传统体育健身发展现状进行问卷调查，访谈有关从事社区体育管理和中华传统体育健身专家，最后就中华传统体育健身发展的现状和存在的相关问题，针对中华传统养生体育的时代特点、高校体育需求以及专家的建议和意见，结合天津市社会发展和全民健身体育发展的大环境，以及天津市体育发展现状和未来体育发展的总体规划，提出中华传统体育健身今后发展的意见和建议。

　　中华传统体育健身作为中华传统体育健身文化的重要组成部分，具有悠久的历史和深厚的文化底蕴，推广中华传统体育健身对于继承中华传统文化遗产、弘扬中华民族体育文化、全面推进素质教育等都具有重要意义。再者，中华传统体育健身作为一种独特的身心锻炼方法，在中国传统体育养生文化中占据着十分重要的地位，具有鲜明的时代特征，在开展和深化全民健身活动中同样发挥着重要作用。

　　推广中华传统体育健身不仅是实施全民健身计划的重要举措，从中华传统体育健身的内涵来讲,中华传统体育健身的动作比较简单,形式变化多样,功法健身效果显著,对于场地设施的要求不高,对练习人员的身体素质要求不高,因此有着深厚的群众基础,适于不同的人群锻炼,尤其受到众多中老年人和广大追求体育养生人士的喜爱,其推广学习的实际价值是很高的,现在全国很多高校已经将传统体育健身纳入正式教学课程,这对于全面推进学生素质教育具有深远的意义。中华传统体育健身对于维护社会的稳定也具有积极的影响。中华传统体育健身对于占领体育文化主领域、倡导先进文化都具有重要意义。中华传统体育健身功法本身强调修身养性,创编时注重技术动作的科学性和思想性,同时功法内涵注重对中华民族历史文化的传承。众多的研究和调查资料充分表明,我国很多城市基本已经进入老龄化社会,其中就包括天津市。根据国家体育总局的要求,天津市在 2003 年开始开展传统体育健身的试点工作,受到了广大天津市民和社区群体以及部分高校的一致认可。

天津进行了传统体育健身活动站点的注册试点工作和新功法的创编和推广工作,并以国家体育总局和国家有关文件、法律、法规为依据,下发了《天津市民族传统体育健身活动站、点工作的组织方案》。并于 2001 年下半年率先在河西区和河北区建立了民族传统体育健身的试点站,2008 年 12 月,建立了第二批开展民族传统体育健身工作的试点单位,设立了 18 个活动站点,有 4000 多名群众参与了活动。

由于没有详细的有关天津市民族传统体育健身发展资料,目前天津市还没有出台传统体育健身长期发展规划,仅是在传统体育健身工作会议室上提出了发展设想,所以做好天津市传统体育健身发展现状的调查对于今后传统体育健身的发展是意义深远的,不仅能够为今后的发展提供一定的理论依据,同时也为天津市高校传统体育健身课程的建设与完善以及相关体育管理部门的体育发展决策奠定一定基础。

第二节　天津市发展传统体育健身的策略

一、天津市社区站点传统体育健身发展现状调查

天津市委、市政府一贯高度重视天津市广大人民群众的身体健康水平,根据国家体育总局的具体要求和工作部署,天津市体育局在 2002 年就开展了传统体育健身推广工作的具体部署,积极倡导科学的健身方法和科学的健身手段,在全民健身方面推出了一系列的规章制度和具体的行动计划,为天津市传统体育健身的推广与发展打下了坚实的基础。传统体育健身的推广与发展与天津市全民健身计划的实施是相辅相成的。天津市积极开展民族传统体育健身站点的注册试点工作,积极推广传统体育健身新功法,并取得了一定阶段性成果。

天津市为加快全市传统体育健身推广工作的进行,自 2002 年初就由天津市体育局专门召开了全市传统体育健身工作会议,具体研究、探讨了传统体育健身管理工作。规章制度的建立使得民族传统体育健身的推广与发展做到了有章可循、有法可依,同时规章制度的建立使得传统体育健身站点的管理与各区、县基层的组织管理与建设结合到了一起。

虽然,天津市传统体育健身的发展取得了很好的成绩,但是也暴露出了不少问题,主要集中在推广发展初期管理体系不够完善和健全,还没有完全形成完整的网络体系,没有长期的项目发展规划,在发挥好社会各界的力量方面也存在一定不足,在资金的运作方面同样存在资金缺乏的问题,辅导员队伍的培养跟不上,也同样制约了推广与发展的速度。

天津市作为我国传统体育健身活动站点注册站点省市,在国家体育总局以及天津市相关部门的大力支持和关怀下,2001 年 10 月,首先在河西区、河北区做试点,经过数年的发展,已经在河西、东丽、河北、大港、塘沽、河东等区建立了传统体育健身站点,天津市传统体育健身站点分布见表 6 – 2 – 1 所列。

表6-2-1 天津市传统体育健身站点分布情况

区/县	国家级	省(市)级
河西区	1	2
河北区	1	3
东丽区	0	3
大港区	0	3
河东区	0	2
塘沽	0	3

数据统计显示,国家级传统体育健身站点2个,分布在河西和河北区,也是天津市最早设立传统体育健身站点的区;市级站点共16个,分布在6个区,从站点的分布来看是比较均衡的,对于天津市今后传统体育健身整体的布局和发展是有利的。

同时通过表6-2-2和表6-2-3可知,群众对于练习的场地要求不是很明确,基本上是在公园内,占35.0%,其余是在广场和空地,所占比例较高。练习的人数和基本形式以5个人以上的集体练习为主,这样也就可以更好地促进相互之间的交流。

表6-2-2 天津市群众练习传统体育健身的形式(N=180)

分项	练习时的人员数量			练习形式		
	个人	5人左右	10人以上	单独	集体	其他
统计人数	24	76	80	29	115	36
百分比	13.3%	42.2%	44.4%	16.1%	63.9%	20.0%

表6-2-3 天津市传统体育健身练习群众练习地点调查统计(N=180)

地点	人数	百分比
公园	63	35.0%
广场、空地	56	31.1%
住所内	13	7.2%
办公室	7	3.9%
体育场馆	32	17.8%
其他	9	5.0%
总计	180	100%

(一)练习群众状况

本研究以天津市传统体育健身站点200名练习群众为调查对象,其中接受调查的是经过天津市体育局审批、在国家体育总局备案的健身练习站点,统计分析的问卷中,回收了183份,其中有效问卷180份。

1. 性别/年龄分布

表6-2-4 天津市练习群众性别年龄结构(N=180)

分项	30以下	31~40	41~50	51~60	61~70	合计
男	2	4	11	61	425	103
百分比	1.1%	2.2%	6.1%	33.9%	13.9%	57.2%
女	0	1	7	33	36	77
百分比	0%	1.3%	9.1%	42.9%	46.8%	42.8%

见表6-2-4所列,在社区站点,参加传统体育健身的人员年龄主要分布在51~60岁之间,其中男性占33.9%,女性占42.9%,在接受调查的总人数中占75%以上,也就是说天津市练功群众中有绝大多数的人集中在这一年龄段。

2. 职业分布

经过问卷数据,见表6-2-5所列,参与传统体育健身的群众在职业分布上呈现发散式分布,没有很明显的职业倾向,但是主要是从事教育和医疗卫生行业的人员,所占比例较高,分别占 23.3% 和 20.0% 。通过这一点我们可以明显地看到练功人员的行业对于传统体育健身基本没有过多的区分。

表6-2-5　天津市中华传统体育健身练习群众职业分布结构(N=180)

分项	事业	企业	教育	自由职业	工程技术	医疗/卫生	其他
人数	24	20	42	21	26	36	11
百分比	13.3%	11.1%	23.3%	11.7%	14.4%	20.0%	6.1%

3.学历分布

在对参与传统体育健身人员的学历调查上发现(见表5-3-6所列),他们的学历层次呈现"倒三角"的基本形态,大学及以上学历占 75.6% ,初中学历仅占 7.2% ,越是高学历的人员分布越多,随着学历层次的高低,练习人数呈现由多到少的形态,调查结果显示,在练习人员中越是高学历从事传统体育健身锻炼的人员越多,这也从另一个角度上说明了传统体育健身已经在天津为高学历人群所接受。

表6-2-6　天津市中华传统体育健身练习人员文化程度结构(N=180)

分项	大学及以上学历	高中学历	初中学历
人数	136	31	13
百分比	75.6%	17.2%	7.2%

(二)群众观点

练习群众的基本观点主要集中在以下三个方面,一是中华传统体育健身在协调人际关系上的态度;二是中华传统体育健身在防范邪教上的作用;三是中华传统体育健身所能够取得的整体社会效果。

见表6-2-7所列,有 73.3% 的群众认为中华传统体育健身在协调人际关系方面意义大,认为无关的占 7.8% ,也就是说传统体育健身能够协调人际关系的作用已经基本得到了练功群众的认可。

表6-2-7　天津市练习群众对中华传统体育健身在协调人际关系上的态度调查统计(N=180)

态度	人数	百分比
意义大	132	73.3%
意义一般	16	8.9%
无关	14	7.8%
有害	0	0
其他	18	10.0%

国家体育总局推广中华传统体育健身对于防范邪教具有极其重大的意义。见表6-2-8所列,天津市传统体育健身练功群众180人当中就有113人,即占62.8%的群众认为民族传统体育健身对于防范邪教作用大。

表6-2-8　天津市群众对中华传统体育健身防范邪教的作用调查统计(N=180)

基本观点	人数	百分比
没有意义	6	3.3%
有意义	21	11.7%
作用大	113	62.8%
可以	36	20.0%
其他	4	2.2%
总计	180	100%

表6-2-9　练功群众对中华传统体育健身最佳推广方式的调查结果统计(N=180)

最佳方式	频度	排序
政府组织	112	4
通过网络、电视、广播推广	86	5
学校为主推广	142	3
民族传统体育健身协会推广	164	2
培训辅导员上岗传授	180	1
民间自发学习	24	6
其他	22	7

见表6-2-10所列，从选项频度排序上可以看出学生和群众对于传统体育健身整体效果"增进健康"是第一位的，"传承优秀文化"是第二位的，然后是"维护社会稳定"和"抵制愚昧、迷信"。

表6-2-10　群众对于中华传统体育健身取得整体社会效果的表现调查统计（N=180）

选项	频度	排序
传承中华传统优秀文化	171	2
抵制愚昧、迷信	103	4
丰富业余文化生活	83	6
维护社会稳定	162	3
增进健康	178	1
促进社区建设与发展	92	5
其他	73	7

（三）中华传统体育健身站、点辅导人员的基本情况

本研究所调查的辅导人员主要是天津市从事传统体育健身站点辅导的教师。其详细数据来源于天津市体育局社体中心备案材料。

1. 辅导员的年龄、性别结构

通过对体育局的资料分析发现，天津市传统体育健身站、点辅导员队伍在性别、年龄结构上是比较合理的。见表6-2-11所列，男性辅导员所占比例要高于女性辅导员，但是，在年龄结构上女性辅导员的年龄要高于男性辅导员，主要集中在51~60岁之间，但是男性辅导员主要集中在41~50岁之间，也就是说，天津市传统体育健身站、点辅导员的中坚力量是男性中年人。同时也应该看到加强对年轻人的培养是很重要的任务。

表6-2-11　天津市中华传统体育健身辅导员性别年龄结构（N=36）

分项	30岁以下	31~40岁	41~50岁	51~60岁	61~70岁	合计
男	2	2	14	8	3	29
百分比	5.6%	5.6%	38.9%	22.2%	8.3%	80.6%
女	0	1	2	3	1	7
百分比	0%	2.8%	5.6%	8.3%	2.8%	19.4%

2.学历、职业结构

在本次研究的调查中,根据调查统计数据表6-2-12、表6-2-13显示,从辅导员的学历和职业结构上来看职业主要分布在教育单位;其次是从事医务工作、专业技术工作的人员;从事服务管理行业的人员居后。

表6-2-12　天津市传统体育健身辅导员文化程度结构(N=36)

分项	研究生以上学历	大学学历	高中学历	初中学历
人数	7	22	4	3
百分比	19.4%	61.1%	11.1%	8.3%

表6-2-13　天津市传统体育健身辅导员职业结构(N=36)

分项	事业	教育	医务	专业技术	服务管理	农业
人数	8	17	6	4	1	0
百分比	22.2%	47.2%	16.7%	11.1%	2.8%	0%

传统体育健身要发展,必须健康、有序的培养辅导员队伍,没有良好的、长期的辅导员队伍规划和建设不可能实现传统体育健身的全面发展。培养怎样的辅导员队伍、怎样去培养辅导员队伍是发展中要解决的重要问题。

通过职业上的区分,作为策略者应该看到今后应该扩大辅导员队伍培养的范围,将传统体育健身的"健身"意义真正贯彻到各个方面,比如:调查显示没有从事农业工作的辅导员,这样就应该在今后的辅导员培养中加大力度,从整体安排上进行调整,扩大辅导员的培训指导范围。

调查数据显示,天津市传统体育健身辅导员的学历层次比较高,主要集中在大学以上的学历,所占比例为80.5%,其中内含比例不小的硕士,高中学历占了11.1%,其余基本是初中以下学历,但是人员所占比例很小。所以在今后的培养过程中,应在年龄、知识结构、组织能力等方面有所侧重。

(四)访谈专家的基本情况

本研究所访谈的专家以天津市传统体育健身领域的功法创编人员、参编人员、部分学者、全民健身管理干部和传统体育健身站点管理人员。

1. 学历分布

根据专家访谈统计数据(见表6-2-14所列),天津接受访谈的12名专家中,学历层次分布主要集中在研究生和大学,分别占33.3%和58.3%,从这个角度讲学历层次还是比较高的。

表6-2-14　天津市传统体育健身专家学历(N=12)

分项	研究生以上学历	大学学历	高中学历	初中学历
人数	4	7	1	0
百分比	33.3%	58.3%	8.3%	0%

2. 专家访谈问题的关注度

在专家访谈的统计数据中(见表6-2-15所列),专家对于传统体育健身有关问题的关注主要集中在推广和发展、网络建设、监督机制、培训、长期发展规划等方面。其中,关注度最高的是长期规划和推广发展的问题,12名专家都涉及这个问题。这样在传统体育健身今后的发展中就应该有所侧重,就长期发展的规划和推广策略等问题要深入考虑。

表6-2-15　天津市传统体育健身专家对访谈中最关注度的问题统计(N=12)

分项	推广发展	网络建设	监督	培训	长期规划	合计
频度	12	10	11	8	12	53
百分比	22.6%	18.9%	20.8%	15.1%	22.6%	100%

表6-2-16　专家对传统体育健身最佳推广方式的调查结果统计(N=35)

最佳方式	频度	排序
政府组织	21	4
通过网络、电视、广播推广	19	5
学校为主推广	30	2
传统体育健身协会推广	33	1
培训辅导员上岗传授	29	3
民间自发学习	9	6
其他	7	7

二、天津市传统体育健身于发展方面存在问题与发展策略

经过几年的不断发展,在天津市委、市政府以及体育局等有关部门的大力支持下天津市传统体育健身已经取得了不小的成绩,初步形成了基本的管理网络,建立了18个区县健身站点,培养了近40名传统体育健身专业辅导员,注册的传统体育健身练习人员截至2008年10月达4000多人。传统体育健身辅导员职业分布比较广泛,没有明确的职业区分,同时练功群众认为传统体育健身的健身效果和在协调人际关系以及防范邪教等方面的作用比较突出。专家同样对于传统体育健身的发展给予了肯定。对于影响传统体育健身发展的原因,专家、教师、学生、群众都提出了不同看法,其中主要分布在技术指导、推广方式、扶持力度以及人们对于传统体育健身的认识等方面,其中教师认为影响传统体育健身发展的主要原因是人们对于传统体育健身的认识;学生认为主要是推广的方式、认识的程度以及高素质的指导人员;群众则认为主要是人们对于传统体育健身的认识不足和政府支持的力度以及缺乏高素质的指导人员。

(一)存在的问题

通过本研究发现天津市传统体育健身发展存在的主要问题有如下几个方面:

一是传统体育健身网络管理体系不够健全,没有形成行之有效的行政管理体系,有待建立科学的体系。

二是指导教师的专业水平要进一步提高,努力做到传统体育健身师资专门化,学生对教师教学手段、方法要求进一步提高。

三是社区站点群众对政府的扶持力度要求加大。

四是天津市缺乏传统体育健身长期发展规划和实施步骤与阶段目标。

(二)发展策略

根据天津市传统体育健身发展现状的调查数据统计分析结果以及天津市"十一五"体育发展规划、天津市传统体育健身管理办法等,认为今后天津市传统体育健身的发展应重点从建立整体发展目标、健全发展网络和制定落实"三步走"规划三个方面入手。

1.制定天津市在传统体育健身发展方面的整体发展目标

通过对天津市高校师生传统体育健身站、相关专家的调查与访谈,天津市传统体

育健身发展现状已经基本上呈现出来,从群众对传统体育健身的认识到市政府的政策赋值都有了一个较为全面的了解。最为可贵的是调查访谈的数据充分说明了下一步天津市传统体育健身发展的战略应该是什么,通过统计分析发现健身群众、高校老师以及相关专家和管理者认为传统体育健身的发展问题基本上围绕在人才、制度、服务、设施等方面。

（1）人才储备

根据调查研究情况发现抓好人才这一关键环节很重要。天津市传统体育健身要发展要在人才的培养方面抓好、抓实,没有很好的人才储备作为基本的发展保证是不可能有很好的未来发展前景的。无论是从专业技术的角度还是从管理和科研的角度分析研究都离不开各方面的人才培养和储备,所以在今后的传统体育健身发展中要高度重视人才的培养。

（2）制度建设

监督机制是发展的关键。制度建设是构成发展目标中的关键一环,无论是监督机制还是援助制度和激励制度的建设都直接影响到传统体育健身的发展。没有良好的监督制度根本就不可能保证发展的准确性、科学性和政治上的保证。制度建设中包含了于管理制度、检查制度、创编制度等很多方面。

（3）经费使用

经费投入决定发展的动力源。经费是保证传统体育健身推广和发展的动力源,没有一定的经费很难保证推广的开展和活动的举办,同时在事业经费、活动收入、专项基金的使用等方面同样是经费的问题。经费的投入力度以及收入情况等在传统体育健身的发展对策中也是很重要的环节。

（4）服务建设

组织上的服务是服务方面的核心,服务主要从三个角度入手。第一,指导服务;第二,信息服务;第三,组织服务。在服务中解决好这三个方面是保证实现发展目标服务指标的根本。指导上主要解决技术、科研等方面的问题,组织上从组织建设到活动、比赛等都要做好,在信息服务中要保证及时、有效的提供信息资料和有关的文件精神。

（5）健身设施

社会体育设施是整个健身设施的关键问题。在设施方面,主要包括公共体育设施、社会体育设施、单位体育设施三个方面。对于传统体育健身来讲主要是训练场地的问题。从单位到社会体育到公共体育都要在设施方面进行完善。

2.建立科学、合理、安全的传统体育健身发展网络体系

根据本研究的初步调查与分析可以看出,传统体育健身要在今后的发展中取得较大的突破性必须解决建立科学、合理、安全的传统体育健身组织体系的问题,因为调查显示,天津市组织网络严密、科学的区县站点要较一般区县、站点发展的要好。因此,天津市传统体育健身要建立一整套的组织网络体系为今后的发展开辟道路。

从天津市推广传统体育健身开始,四套传统体育健身功法受到了社会各界练习者的一致好评。从统计的数据来看,练习传统体育健身的人员在逐渐增加。同时,伴随着练习者人数的增加出现了许多问题,组织管理体系的不健全问题也显现出来。各区、站点建设发展的水平不仅大致相同,组织的水平同样参差不齐。

在网络建设方面,天津在今后的发展中要根据传统体育健身的推广模式建立有自己特点的管理模式和管理网络脉络。根据本研究的调查和国家体育总局的有关管理文件的规定,结合调查结果分析,我们要建立国家体育总局—天津市体育局—各区体育局—街道、社区—居委会的管理网络体系,理顺健全传统体育健身发展的网络体系,努力实现管理工作上的层层落实、逐级分责、一级抓一级,通过社区和街道、居委会辐射周围,一直到每一个家庭和家庭成员,无论是横向的还是纵向都实现完全的贯彻。

参 考 文 献

[1]陈青. 民族传统体育文化属性论[J]. 体育文化导刊,2002(2):30-32.

[2]康军. 养生文化的异化与体育价值观的时代化思辨[J]. 体育与科学,2011,32(5):73-75.

[3]于语和. 中国传统文化概论[M]. 天津:天津大学出版社,2003.

[4]漆玲. 马克思主义文化哲学[M]. 天津:天津古籍出版社,2002.

[5]张彤. 老龄化社会背景下的养生价值探讨[J]. 无锡商业技术学院学报,2010,10(3):31-34.

[6]马德浩. 人口老龄化加速背景下提升我国国民体育健身投资的意义与策略研究[J]. 体育科学,
　　2014,34(10):3-14.

[7]宋晓楠,地里木热提·阿不都卡的尔,孙健. 文化自觉视域下中国传统体育文化发展方向的思考
　　[J]. 北京体育大学学报,2017(2):9-12.

[8]张岱年. 中国文化概论[M]. 北京:北京师范大学出版社,2009.

[9]张丽妹. 民族传统体育健身的文化内涵及健身价值[J]. 武术研究,2017,7(2):102-106.

[10]管小丽. 民族传统体育健身的文化软实力价值研究[J]. 中国学校体育,2016,6(3):16-17.

[11]童世敏. 健身养生功法海外拓展现状研究[J]. 山东体育学院学报,2011,6(2):21-22.

[12]周泽鸿. 中国老龄化社会老年体育发展策略研究[J]. 哈尔滨体育学院学报,2014,32(3):
　　33-34.

[13]周小青,张冬琴,杜俊凯. 差异与融合:中西方体育养生文化的阐析[J]. 北京体育大学学报,
　　2017(4):133-138.

[14]中华人民共和国2016年国民经济和社会发展统计公报[EB(1)国家统计局,OL]. (2017-02-
　　28)[2017-0707-30]. http://www. stats. gov. cn/isj/zxih201702/1201702281467424. html.

[15]杜鹏,孙鸭娟,张文娟,王雪辉. 中国老年人的养老需求及家庭和社会养老资源现状甚于2014
　　年中国老年社会追踪调查的分析[J]. 人口研究, 201640(6):49-61.

[16]田香兰. 日本老年社会保障模式的解析[J]. 日本研究,2008(3):46-50.

[17]马淑萍日本应对老龄化的对策及建议[EB/OL]. (2016-06-21)[2017-07-30]. http://o-
　　pinion. hexun. com/2016-06-21/184507683. html.

[18]田香兰. 日本老龄产业制度安排及产业发展动向[J]. 日本问题研究,2015,29(6):37-49.

[19]郭薇薇. 基于老年人行为轨迹的社区户外环境适老化设计研究[D]. 杭州:浙江工商大
　　学,2016.

［20］日本厚生劳动省.第 22 次完全生命表的概况［EB/OL］. http://www. mhlw. go. jp/ toukei/ saikin/hw/life/22th/ index. html.

［21］中华人民中央人民政府.中共中央国务院印发《"健康中国 2030"规划纲要》［EB/OL］.（2016 - 10 - 25）［2017 - 07 - 30］. http://www. gov. cn/ xin - wen/2016 - 10/25/content _ 5124174. htm.

［22］海龙.我国高龄老人长期护理需求测度及保障模式选择［J］.西北人口,2014,35（2）:40 - 44,49.

［23］邱勤.基于居家养老模式下的城市住宅设计研究［D］.长沙:湖南大学,2010.

［24］宗园园.居家养老模式下居住区户外环境设计研究［D］.邯郸:河北工程大学,2016.

［25］黎明华,欧阳江琼.论民族传统体育的休闲价值［J］.体育与科学,2010（5）:65 - 67.

［26］陈波,冯红静.民族传统体育文化价值分析［J］.体育文化导刊,2008（10）:27 - 29.

［27］佘时珍.教化与修身并重:中国传统文化中"成人"方式对当代的启示［J］.湖北大学学报:哲学社会科学版,2018（5）:29 - 35.

［28］BOYUM S. The Concept of Philosophical Education［J］. Educational Theory,2010（5）:543 - 559.

［29］常毅臣,陈青,张建华,等.民族传统体育文化延伸的价值取向与路径选择［J］.武汉体育学院学报,2017（1）:60 - 66.

［30］吴秋来,王美芬."文化自觉"与民族传统体育文化的优化［J］.体育成人教育学刊,2011（6）:24 - 25.

［31］曹刚,蔡艺.中国传统体育文化与和谐社会的构建［J］.湖南第一师范学院学报,2010（1）:135 - 138.

［32］孙大光.与时俱进推动体育文化大发展［N］.中国体育报,2012 - 02 - 03（6）.

［33］习近平.2014 年中央民族工作会议上的讲话［EB/OL］.［2018 - 09 - 08］. http://cpc. people. com. cn/n/2014/0929/c64094 - 25762843. html.

［34］习近平.决胜全面建成小康社会夺取新时代中国特色社会主义伟大胜利［EB/OL］.［2018 - 09 - 08］. http://www. xinhuanet. com//2017 - 10/27/ c_1121867529. htm.

［35］习近平.着力提高国家文化软实力［J］.中国人才,2014（9）:2.

［36］刘怀光,季文君.多元价值时代的价值共识［J］.山西师大学报（社会科学版）,2012,39（3）:27 - 28.

［37］冯奇荣.全球化背景下中国民族传统体育文化思想的出路［J］.搏击·武术科学,2008,5（10）:79 - 80.

［38］王岗.民族传统体育与文化自尊［M］.北京:北京体育大学出版社,2007:70.

［39］苏雄.我国民族传统体育文化的价值结构研究［J］.北京体育大学学报,2014,37（8）:25 - 30.

［40］潘志国.全球化背景下中华民族传统体育的文化寻根［J］.体育学刊,2012,19（5）:127 - 129.

［41］武冬.民族传统体育独特价值及未来走向［J］.中国学校体育,2014（1）:13 - 18.

[42]本尼迪克特.文化模式[C].北京:华夏出版社,1987.

[43]余英时.从价值系统看中国文化的现代意义[A].这个传统思想的现代诠释[C].南京:江苏人民出版社,1995.

[44]转引自朱狄.原始文化研究[M].北京:三联书店,1988.

[45]李鹏程.当代文化哲学的沉思[M].北京:人民出版社,1994.

[46]庄思晦.文化价值与商品价值[J].哲学研究,1994(10).

[47]李德顺,等.家园:文化建设论纲[M].哈尔滨:黑龙江教育出版社,2000.

[48]皮尔森.文化战略[M].北京:中国社会科学出版社,1992.

[49]马克思恩格斯全集(第3卷)[M].北京:人民出版社,1960.

[50]杨曾宪.价值学研究中的方法论问题[J].贵州师范大学学报(社会科学版),1998(4).

[51]马克思恩格斯全集(第42卷)[M].北京:人民出版社,1979.

[52]唐宏贵.中国传统养生思想的理论来源探究[J].武汉体育学院学报,2000,34(4):60.

[53]李建慷.养生之乱[J].晚霞,2010(13):6.

[54]张玉堂.利益论——关于利益冲突与协调问题的研究[M].武汉:武汉大学出版社,2001:58.

[55]张书琛.西方价值哲学思想简史[M].北京:当代中国出版社,1998:11.

[56]鲁长芬,陈琦.从当代体育价值观的转变透视体育本质[J].体育文化导刊,2006(6):26.

[57]胡小明.小康社会体育休闲娱乐理论的研究[J].体育科学,2004,24(10):8 - 10.

[58]赵意迎.生态体育观与传统养生文化的比较研究[J].泰山学院学报,2008(3).

[59]邱丕相等.中国传统体育养生学[M].人民体育出版社,2007(3).

[60]刘桐华,徐兰蕙,万延根.中华养生与高校体育教学定位[J].北京体育大学学报,1999(3).

[61]阎海.高校体育与全民健身计划实施之关系[J].上海体育学院学报,1998(12).

[62]曲宗湖,杨文轩.学校体育思想分析[M].人民体育出版社,2000.

[63]王锡群,等.对21世纪普通高校合格体育教师资质的调查研究[J].体育,2001(7).

[64]马卫平,等.我国高校体育专业师资状况研究[J].体育科学,2000(20).

[65]姜维强.对我国高校体育发展现状的调查[J].中国体育科技,2003,39(3).

[66]曲宗湖,杨文轩.学校体育教学探索[M].人民体育出版社,2001.

[67]曲宗湖,杨文轩.学校体育新视野[M].人民体育出版社,2000.

[68]曲宗湖,杨文轩.现代社会与学校体育[M].人民体育出版社,1999.

[69]蒋心萍.高校体育教学改革与全民健身计划[J].体育科技,1999(12).

[70]叶长文,等.普通高校体育师资队伍现状分析与对策[J].体育学刊,2000(1).

[71]廖祥龙,等.21世纪我国高校体育师资队伍现状建设分析[J].体育学刊,2000(6).

[72]范丽萍,杨云琳.高校体育教育与终身体育之关系[J].上海体育学院学报,2000(6).

[73]王平,等.社会转型与新型高校体育教师的需求[J].沈阳体育学院学报,2001(1).

[74]黄力生.论普通高校体育教学指导思想[J].成都体育学院学报,1998,24(1).

[75]王岗,等.民族传统体育发展的文化审视[M].北京:北京体育大学出版社,2005.

[76]张选惠,等.体育院校武术专业现状的调查及改革设想[J].成都体育学院学报,1997,23(2).

[77]单静怡,等.普通高校民族传统体育开展现状研究[J].武术科学,2007(3).

[78]虞定海,等.上海市民族传统体育健身发展战略研究[J].上海体育学院学报,2005(4).

[79]王虹.试论新世纪我国体育管理[J].体育科学,2002(4).

[80]国家体育总局民族传统体育健身管理中心.民族传统体育健身管理工作资料汇编[J].2002(6).

[81]虞定海.五禽戏新功法的编创及实验效果[J].上海体育学院学报,2003(2).

[82]李俊熙.中国传统养生运动对老年女性某些生理指标的影响[J].北京体育大学学报,2005.

[83]中国民族传统体育健身协会.走进民族传统体育健身[M].北京体育大学出版社.2006(7).

[84]马明达.试论中国民族体育体系的重构[J].体育文化导刊,2007(6).

[85]肖宪平.从现代奥林匹克运动会看中华民族传统体育的发展[J].武术科学,2008(2).

[86]陈伟林,林建华.普通高等学校体育教程[M].厦门大学出版社,2001(3).

[87]吕光荣,等.气功学基础[M].北京:人民卫生出版社,1989.

[88]曾于久,等.民族传统体育学[M].北京:人民体育出版社,2000.

[89]郭善儒.民族传统体育健身习练的基本原则[J].民族传统体育健身杂志.2005(2).

[90]吴志超.导引养生史论稿[M].北京:北京体育大学出版社,1996.

[91]张景岳.历代中医名著精华丛书[M].北京:科学出版社,1998.

[92]郭蔼春.黄帝内经素问校注语译[M].天津:天津科学技术出版社,1981.

[93]黄泰康.中医养生学[M].北京:中国医药科技出版社,1997.

[94]卢元镇.体育社会学教程[M].北京:高等教育出版社,1995.

[95]陈青山,等.传统体育养生学[M].武汉:湖北科技技术出版社,2000.

[96]毕世明.中国古代体育史[M].北京:北京体育大学出版社,1997.

[97]杨锡让.实用运动生理学[M].北京:北京体育大学出版社,1998.

[98]程士德.内经讲义[M].北京:人民卫生出版社,1995.

[99]郝勤.导引养生[M].成都:巴蜀书社,1995.

[100]郝立新.文化建设的价值维度[N].光明日报,2014,02(13).

[101]冯霞.当代体育价值观的文化哲学阐释[D].体育文化导刊,2008(4):33-34.

[102]龚天平.文化建设的伦理维度[D].华中科技大学学报(人文社会科学版),2012,26(1):21-27.

[103]刘怀光,刘雅琪.主流价认同的现代价值困境[D].吉首大学学报(社会科学版),2012,33(1):61-64.

[104]刘正球,论社会共同价值观[D].湛江海洋大学学报,2003,23(2):49-56.

[105]张建华,陈青,等,体育文化力的内涵与特征[D].首都体育学院学报,2006.18(6):50-52.

[106]滕军伟,岳东兴.体育强国必须构建自己的现代体育文化[EB/OL].http//sports.sina.com.cn/ 2011 - 11 - 23.

[107]刘鹏.大力加强体育文化建设[D].求是,2012(4):28 - 30.

[108]于今玺.论社会主义核心价值观在文化建设中的引领地位[D].理论界,2013(4):23 - 24.

[109]王强.我国体育文化发展战略思考.

[110]朱泳,黄滨.论民族体育文化自持[D].成都体育学院学报,2011, 37(2):44 - 46.

[111]郑国华,傅雪松,等.中西体育文化价值选择上的差异[D].天津体育学院学报,2007(4): 314 - 317.

[112]徐强.论当代世界先进文化与中国先进文化的共性\个性与互动性[D].重庆邮电学院学报, 2004(3):28 - 30.

[113]黄迎乒,孙文.体育文化对体育强国建设助推作用研究[D].体育文化导刊,2012(3):9 - 12.

[114]云杉.文化自觉文化自信文化自强对繁荣发展中国特色社会主义文化的思考(上)[D].红旗 文稿,2012(15):4 - 8.

[115]费孝通.论文化与文化自觉[M].北京:群言出版社,2005.

[116]王冬冬,李泽群.全球化时代中国体育文化自觉[D].南京体育学院学报,2008, 22(2): 20 - 23.

[117]云杉.文化自觉文化自信文化自强——对繁荣发展中国特色社会主义文化的思考(中)[D]. 红旗文稿,2012(16):4 - 8.

[118]云杉.文化自觉文化自信文化自强——对繁荣发展中国特色社会主义文化的思考(下)[D]. 红旗文稿,2012(16):4 - 8.

[119]朱滢.文化与自我[M].北京:北京师范大学出版社,2007.

[120]甘阳.走向政治民族[D].读书,2003(4):15 - 18.

[121]刘怀光,季文君.多元价值时代的价值共识[D].山西师大学报(社会科学版),2012,39(3): 27 - 28.

[122]冯奇荣.全球化背景下中国民族传统体育文化思想的出路[D].搏击·武术科学,2008,5 (10):79 - 80.

[123]苏雄.我国民族传统体育文化的价值结构研究[D].北京体育大学学报,2014,37(8):25 - 30.

[124]潘志国.全球化背景下中华民族传统体育的文化寻根[D].体育学刊,2012,19(5):127 - 129.

[125]武冬.民族传统体育独特价值及未来走向[D].中国学校体育,2014(1):13 - 18.

[126]徐杰舜,马旭.文化的表达与表达的文化[J].文化艺术研究,2011(4):34 - 40.

[127]赵旭东.文化的表达:人类学的视野[M].北京:中国人民大学出版社,2009:2.

[128]黄会林.中华文明的现代演进[M].北京:北京师范大学出版社,2011:21 - 23.

[129]陶东风,和磊.文化研究[M].桂林:广西师范大学出版社,2006:15.

后　　记

　　撰写这部书,使我对中华传统体育健身有了更加深刻的认识,尤其在老龄化社会背景下进行传统体育健身的文化价值研究,希望能为今后该领域的研究提供帮助。

　　本书在撰写过程中得到了很多老师和研究生同学的支持。本书从传统体育健身的基础理论、发展现状以及前景等方面进行了分析,立足哲学的角度在文化价值领域进行了研究,阐释了传统文化面临的困境和前景,尤其是立足老龄化社会的大背景对中华传统体育健身文化进行了探究,对中华传统体育健身文化价值进行了深入的探讨。

　　这部书中所涉及的研究还有一些未能实现,在今后的教学和研究过程中我将向该研究领域的专家、学者不断学习,不断去探索和实践,更加努力地将不足之处研究好。同时,也希望各位读者和同仁在阅读中提出宝贵的意见和建议,共同为中华传统体育健身研究贡献力量。

王泽善

2022 年 1 月 8 日